会社訴訟の要件事実

著　岩谷　敏昭（弁護士）

新日本法規

は　し　が　き

　ロースクールで商法演習科目を担当し，司法試験考査委員を経験すると，会社訴訟で取り扱われる訴訟物の要件事実の解説書があればと思う。東京地方裁判所商事研究会編『類型別会社訴訟Ⅰ・Ⅱ［第3版］』（判例タイムズ社，平成23年）が絶版になり，受講生が入手できなくなったため，個人的にそのような趣旨の補助教材を作って受講生に提供してきたが，これをまとめ直したのが本書である。

　このような経緯から，また，筆者の能力の限界から，本書は司法試験の論文式問題で過去に出題された訴訟物や論点を中心に取り扱っている。以下，本書の構成等につき説明する。

　まず，第1編で会社の組織に関する訴え，第2編で差止請求権，第3編で役員等の会社に対する責任を，それぞれひとまとめにして解説している。それぞれ共通点があることなどによるが，例えば第1編では会社の組織に関する訴えの請求原因の横断的な整理を試みている。第2編では，差止請求権を2種類に分けるとともに，その請求原因につき同様に整理した。第3編では，役員等の会社に対する責任を2種類に分けるとともに，それぞれにつき要件事実の整理を試みた。続いて，第4編では役員等の第三者に対する損害賠償責任，第5編では取締役の解任等に関連する訴訟物を取り扱った。

　次に，各訴訟物の根拠条文を，箱囲いの中で太字で示した。その際，読み易さを優先し，①漢数字を算用数字に直す，②括弧書を細字にする，③条文中で引用される他の条文の標題等を文字を小さくして［……］内に記載する，④条文に要件事実や効果を分ける「／」（スラッシュ）を入れる，⑤下線や傍点を付すなどした。

条文に続き，条文から導かれる要件事実及び効果を，網掛けの箱囲いの中で鉤括弧太字で示した。この鉤括弧太字の記述が，起案に際して用いる請求原因，抗弁及びこれらの効果に相当する。引用している『類型別』の頁の訴状例・仮処分命令申立書例を参照できれば，より具体的な請求原因の起案のイメージを持てると思う。なお，司法研修所では訴訟物をStg，請求原因をKg，抗弁をE，再抗弁をRとの略語で表記するのが慣例で（司法研修所編『3訂　紛争類型別の要件事実－民事訴訟における攻撃防御の構造－』（法曹会，令和3年）参照），本書でも請求原因を「Kg1　○○」等の略語で表記している。

　さらに，これら要件事実及び効果に関連する解説を付した。本書は要件事実の整理に主眼を置いており，詳細は読者が使っておられる基本書や参考書で確認されることを予定しているが，司法試験で出題された訴訟物や論点等についてはかなり詳しく解説した箇所もある。まず，出題頻度の高い任務懈怠責任については，筆者なりに理解している類型別の要件事実の整理を詳しく示した。また，司法試験で出題されたことがあるが基本書等での解説が薄い訴訟物，例えば違法配当による責任や欠損填補責任等についても，基本書等を補う趣旨から詳しく取り扱っている。

　なお，神作裕之・藤田友敬・加藤貴仁編『会社法判例百選［第4版］』（有斐閣，令和3年）に掲載された裁判例は，できるだけ引用した。百選で解説されていない論点で引用した場合もあるが，百選の解説をあわせて参照していただければとの趣旨でもある。

　会社法はM&Aやファイナンス等が仕込まれた飛び道具であって，使いこなせれば実務が面白くなる。普段から訴訟を起こされる種を摘み取ることを心掛けているので，そのような私が訴訟の場面ばかりの

本書を著すことに多少の違和感はあった。それでも，また，浅学菲才の身でありながらあえて本書をまとめたのは，本書が少しでも会社法の理解が進むきっかけになり，ロースクール生が早々に司法試験をクリアし，実務に来て使いこなしていただければありがたく思ったからである。

　最後に，ロースクールの実務家教員を退く時期が近づく中，このような本書を世に出す機会を作っていただき，刊行まで多大のご配慮をいただいた新日本法規出版株式会社出版企画局の加賀山量氏をはじめとする関係者の皆様に，厚く御礼を申し上げる。

　令和4年8月

岩 谷 敏 昭

著 者 略 歴

岩 谷 敏 昭（いわたに としあき）

大阪大学知的基盤総合センター特任教授
大阪大学大学院高等司法研究科客員教授
甲南大学法科大学院教授
アスカ法律事務所パートナー弁護士

昭和61年3月　　大阪大学法学部 卒業
平成4年4月　　大阪弁護士会 弁護士登録（司法修習44期）
　　　　　　　　牛田・白波瀬法律事務所 入所
平成12年4月　　アスカ法律事務所 共同開設
平成26年度〜平成28年度　司法試験考査委員（商法）

〔主な著書〕
　『不正競争防止法における商品形態の模倣』（商事法務研究会、平成14年）共著
　『デジタルコンテンツ法（下）』（商事法務、平成16年）共著
　『わかりやすい会社法の手引』（新日本法規出版、平成18年）共著
　『知的財産契約の理論と実務』（商事法務、平成19年）共著
　『社外監査役の理論と実務』（商事法務、平成24年）共著
　『不正競争防止法コンメンタール［改訂版］』（レクシスネクシス・ジャパン、平成26年）共著
　『知財相談ハンドブック［第3版］』（大阪弁護士協同組合、平成29年）共著

凡　　例

1　表　記

(1)　本書で用いる略称等

　本書では，講学上一般的に使われる略称を用いることがある。該当箇所で説明しているものもあるが，特に以下の太字で示した略称はそれぞれ以下の意味で用いている（会社法で定義されているものを含む）。

・「**非○○会社**」：会社法で「○○会社」と定義される会社（例えば公開会社，取締役会設置会社，監査役設置会社等）における，「○○会社でない株式会社」（例えば**非公開会社**，**非取締役会設置会社**，**非監査役設置会社**等）。

・**新株発行**：株式会社の成立後における株式の発行（829条標題・834条2号）のうち，株主となる者に出資の履行をさせるもの（講学上「通常の新株発行」と呼ばれるもの）。

・**募集株式**：新株発行又は自己株式の処分の対象となる株式の総称（199条1項）。

・**募集株式の発行等**：新株発行又は自己株式の処分の総称（210条標題等）。

・**有利発行**：払込金額が募集株式を引き受ける者に「特に有利な金額」（199条3項）である募集株式の発行等。

・**不公正発行**：著しく不公正な方法により行われる募集株式の発行等又は募集新株予約権の発行の総称（210条2号・247条2号）。

・**新株発行無効の訴え**：新株発行の無効の訴え（834条2号）。

・**会計限定監査役**：監査の範囲を会計に関するものに限定する旨が定款で定められている非公開会社の監査役（389条1項）。

・**剰余金配当**：剰余金の配当（461条1項8号等）。

・**剰余金配当等**：剰余金の配当等（462条標題等）。

・**事業譲渡**：事業の譲渡（467条1項1号等）。

・**事業譲受け**：事業の譲受け（467条1項3号等）。

・**事業譲渡等**：467条1項1号ないし4号に掲げる行為（468条1項）。

・**吸収合併等**：吸収合併，吸収分割及び株式交換（782条1項）。**承継型組織再編**と呼ぶ場合もある。

・**新設合併等**：新設合併，新設分割及び株式移転（804条4項）。**新設型組織再編**と呼ぶ場合もある。

・**組織再編**：吸収合併等，新設合併等及び株式交付（828条1項7号～13号）。

・**被支配会社**：特別支配会社及び法務省令で定めるその完全子会社等（468条1項）により総株主の議決権の90％（定款でこれを上回る割合を定めることが可能）以上を保有されている株式会社。

・**略式手続**：被支配会社における，株主総会決議による承認を要しない組織再編又は事業譲渡等の手続。なお，略式手続で行われる組織再編又は事業譲渡等を，例えば**略式事業譲渡**等と呼ぶ。

・**簡易手続**：467条1項2号括弧書（事業譲渡の場合），468条2項（事業譲受けの場合），796条2項（吸収合併等の場合），805条（新設分割の場合）又は816条の4（株式交付の場合）により株主総会決議による承認を要しない組織再編又は事業譲渡等の手続。なお，簡易手続で行われる組織再編又は事業譲渡等を，例えば**簡易事業譲渡**等と呼ぶ。

・**会社の組織に関する訴え**：834条各号に掲げる訴えの総称（834条柱書）。

(2) 本書が前提とする会社の機関設計等

本書では，株式会社のみを取り扱っており，「会社」との記載は**株式会社**を意味する。また，特に断りのない場合，**指名委員会等設置会社又は監査等委員会設置会社ではない取締役会を置く非公開会社であって，監査役は会計限定監査役，種類株式を発行しておらず，かつ，単元株制度を採用していない株券不発行会社**を前提として解説する。日

本の会社の多くを占める中小規模の非公開会社との趣旨だが，個別の記述の際に修正する場合は必要に応じて断りを入れた。

2　法令

　本書では，会社法（平成17年法律86号）の条文は，法名を略して条文数のみ表記する。その他の法令名の略称は，有斐閣『六法全書』巻末の法令名略語による（以下はその例）。なお，図表等では簡略化した表記をする場合があり，例えば「423Ⅲ①」は「会社法423条3項1号」の意味である。

　会社則：会社法施行規則

　会社計算：会社計算規則

　民：民法

　民訴：民事訴訟法

　民保：民事保全法

3　判例集

　民集：最高裁判所民事判例集

　高民：高等裁判所民事判例集

　下民：下級裁判所民事裁判例集

　民録：大審院民事判決録

　刑集：最高裁判所刑事判例集

　判時：判例時報

　判タ：判例タイムズ

　金判：金融・商事判例

　金法：金融法務事情

　商事：旬刊商事法務

　資料商事：資料版商事法務

　労判：労働判例

主要参考文献一覧

　本書を作成する際，多数の書籍を参照したが，その一部の基本書及び参考書等を出版年次順に例示する（太字は引用の際の略称）。

・**論点解説**：相澤哲他編著『論点解説　新・会社法』（商事法務，平成18年）
・**立案担当**：相澤哲編著『立案担当者による新・会社法の解説』（商事法務，平成18年）
・**100問**：葉玉匡美編著『新・会社法100問［第2版］』494頁（ダイヤモンド社，平成18年）
・**法セミ司法試験**：法学セミナー編集部編『司法試験の問題と解説』各年度（日本評論社，平成18年～）
・**コンメンタール**：江頭憲治郎・森本滋編集代表『会社法コンメンタール』各巻（商事法務，平成20年～）
・**逐条解説**：酒巻俊雄・龍田節編集代表『逐条解説会社法』各巻（中央経済社，平成20年～）
・**類型別Ⅰ・Ⅱ**：東京地方裁判所商事研究会編『類型別会社訴訟Ⅰ・Ⅱ［第3版］』（判例タイムズ社，平成23年）
・**松田**：松田亨「近時の取締役責任追及をめぐる実務上の留意点」（日弁連研修叢書『現代法律実務の諸問題［平成23年度研修版］』所収）（第一法規，平成24年）
・**基礎**：垣内正編・東京地方裁判所商事研究会著『裁判実務シリーズ6　会社訴訟の基礎』（商事法務，平成25年）
・**一問一答平成26年改正**：坂本三郎編著『一問一答平成26年改正会社法［第2版］』（商事法務，平成27年）
・**取締役会ガイドライン**：東京弁護士会会社法部編『新・取締役会ガイドライン［第2版］』262頁（商事法務，平成28年）

・**百選［第3版］**：岩原紳作・神作裕之・藤田友敬編『会社法判例百選［第3版］』（有斐閣，平成28年）

・**龍田・前田**：龍田節・前田雅弘『会社法大要［第2版］』（有斐閣，平成29年）

・**森本**：森本滋『取締役の義務と責任』（商事法務，平成29年）

・**前田**：前田庸『会社法入門［第13版］』（有斐閣，平成30年）

・**髙橋他**：髙橋美加・笠原武朗・久保大作・久保田安彦『会社法［第3版］』（弘文堂，令和2年）

・**岡口**：岡口基一『要件事実マニュアル第3巻［第6版］』（ぎょうせい，令和2年）

・**黒沼**：黒沼悦郎『会社法［第2版］』（商事法務，令和2年）

・**田中**：田中亘『会社法［第3版］』（東京大学出版会，令和3年）

・**LQ**：伊藤靖史・大杉謙一・田中亘・松井秀征『LEGAL QUEST会社法［第5版］』（有斐閣，令和3年）

・**江頭**：江頭憲治郎『株式会社法［第8版］』（有斐閣，令和3年）

・**百選**：神作裕之・藤田友敬・加藤貴仁編『会社法判例百選［第4版］』（有斐閣，令和3年）

・**論点体系**：江頭憲治郎・中村直人編『論点体系会社法［第2版］』各巻（第一法規，令和3年）

・**神田**：神田秀樹『会社法［第24版］』（弘文堂，令和4年）

目　次

第2編　差止請求権

第3編　役員等の会社に対する責任

第4編　役員等の第三者に対する損害賠償責任

第5編　取締役の解任等

索　引

第1編　会社の組織に関する訴え

第1章　総　説

1　趣　旨

　会社の組織としての行為の効力を民法の一般原則により争うと，取引安全を害するなど弊害が生じ得る。そのため会社法は，**会社の組織に関する訴え（834条）**を22種類準備し，その全てに**事実関係の合一的確定**のための対世効を認める（838条）。また，その多くにつき，**法律関係の安定**のため原告適格（828条2項等）及び提訴期間（828条1項等）を制限する，**取引安全**のため判決の効力を遡及させない（839条）などの措置を講じる（828条〜846条）。その概要は**表**のとおりである（神田66頁参照）。

【会社の組織に関する訴え】

	提訴期間 （828Ⅰ等）	当事者適格 （828Ⅱ等）	対世効 （838）	不遡及 （839）
① 設立の無効	○	○	○	○
② 募集株式の発行等の無効	○	○	○	○
③ 募集株式の発行等の不存在確認	—	—	○	—
④ 新株予約権の発行の無効	○	○	○	○
⑤ 新株予約権の発行の不存在	—	—	○	—
⑥ 株主総会決議の取消し	○	○	○	—

⑦　株主総会決議の無効確認・不存在確認	－	－	○	－
⑧　資本金減少の無効	○	○	○	○
⑨　組織再編の無効	○	○	○	○
⑩　組織変更の無効	○	○	○	○
⑪　解散		○	○	

注：持分会社に関する訴え（834条18号・19号・21号）を除く。

2　要件事実

（1）　要件事実の概要

会社の組織に関する訴えの要件事実は，いずれも基本的に以下のとおりの構成となっている。

Kg1　原告適格基礎付事実
Kg2　無効等とする対象
Kg3　無効等の事由

本書では前出の表の②，③，⑥，⑦及び⑨のみ**第２章〜第４章**で取り扱うが，これらを含め主な会社の組織に関する訴えの要件事実の**原告適格（Kg1）**及び**無効等の事由（Kg3）**は表のとおりとなる（括弧書は明文の規定がない場合の通説的理解）。

【会社の組織に関する訴えの要件事実】

	原告適格	無効等の事由
①　設立の無効	株主等，社員等（828Ⅱ①）	（手続の重大な瑕疵）
②　募集株式の発行等の無効	株主等（828Ⅱ②③）	（手続の重大な瑕疵）

③　募集株式の発行等の不存在確認	（確認の利益がある者）	不存在（829①②）
④　新株予約権の発行の無効	株主等（828Ⅱ④）	（手続の重大な瑕疵）
⑤　新株予約権の発行の不存在	（確認の利益がある者）	不存在（829③）
⑥　株主総会決議の取消し	株主等……（831Ⅰ柱）	手続法令定款違反等（831Ⅰ）
⑦　株主総会決議の無効確認・不存在確認	（確認の利益がある者）	決議内容の法令違反・決議の不存在（830）
⑧　資本金減少の無効	株主等，非承認債権者……（828Ⅱ⑤）	（手続の瑕疵）
⑨　組織再編の無効	株主等，非承認債権者……（828Ⅱ⑥）	（手続の重大な瑕疵）
⑩　組織変更の無効	株主等……（828Ⅱ⑦〜⑬）	（手続の瑕疵）

注：解散の訴え（834条20号）及び持分会社に関する訴え（同条18号・19号・21号）を除く。

　事業譲渡及び**事業譲受け**については，⑨のような訴えが準備されていないが，⑨同様実務上重要で，司法試験（平成18年度等）で出題されるため**第5章**で取り扱う。

　(2)　差止請求権の要件事実との関連性

　各種の**差止請求権**につき**第2編**で取り扱うが，その請求原因は，基本的に会社の組織に関する訴えの請求原因を修正して流用するとともに，**差止の必要性**を加えたものと理解される。募集株式の発行等の場合を例に比較すれば，概ね**表**のとおりである（**第2編第1章1**参照）。

【会社の組織に関する訴えと差止請求権の請求原因（募集株式の発行
　等の場合)】

	無効の訴え（828 I ②③）	→	差止請求権（210）
Kg1　原告適格	株主等	→	株主
Kg2　対象	募集株式の発行等	→	募集株式の発行等
Kg3　無効・差止の事由	手続の重大な瑕疵	→	法令定款違反＋不公正発行
Kg4　必要性		＋	株主が不利益を受けるおそれ

第2章　株主総会決議の瑕疵を争う訴え

第1節　総　説

1　種　類

　株主総会の**手続**や**決議内容**に**瑕疵**がある場合，民法の一般原則に従えば決議は無効になるが，これを通常の民事訴訟により解決しても，確定判決の効力は原則として当事者間にしか及ばない。対世効を認める必要があるが，そうなれば法的安定性が害されるおそれがある。

　そのため，**事実関係の合一的確定**及び**法律関係の安定**を図るため，会社法は株主総会決議の瑕疵の内容や程度に応じた3種類の訴訟を設けた。いずれも**私権救済**及び**株主総会の適正運営確保**を目的とする制度だが，**表**のとおり瑕疵の内容と程度により原告適格及び提訴期間が異なる。

【株主総会決議の瑕疵を争う訴え】

	株主総会決議取消訴訟	同不存在確認訴訟	同無効確認訴訟
原告適格	株主，取締役，監査役設置会社の監査役等（831 I 柱）	規定なし（確認の利益がある者）	
提訴期間	決議日から3か月以内（831 I 柱）	制限なし	
対世効	あり（838）		
遡及効	あり（839反対解釈）		

2　瑕疵の程度

　これらの訴えで決議の効力を否定する事由となる瑕疵は，**手続の瑕疵**と**決議内容**の瑕疵に分けられ，株主総会決議取消しの訴えでは比較的軽い瑕疵が取消原因とされる（831条1項各号）。手続の瑕疵が重く決議が法律上存在するとは認められない場合，株主総会決議不存在確認の訴えの対象となる場合がある。

　これらの訴えの訴訟物はそれぞれ別だが，例えば**取消事由**である手続の瑕疵は**無効事由**である内容の瑕疵に比べて程度が比較的軽いだけで，いずれも決議の効力を否定すべき事由となる点に差はない。よって，例えば**株主総会決議無効確認の訴えにおいて無効事由として主張された瑕疵が取消事由に該当する場合**，決議取消しの訴えの原告適格及び出訴期間等の要件を満たしていれば，決議無効確認の訴えの提起時から取消の訴えが提起されていたものと同様に扱うことができる（最判昭和54・11・16民集33巻7号709頁〈百選40事件〉）。

　第2節で瑕疵が相対的に軽い**株主総会決議取消しの訴え**（831条1項），**第3節**で瑕疵が重い**株主総会決議不存在確認の訴え**（830条1項）及び**株主総会決議無効確認の訴え**（830条2項）を取り扱う。

第2節　株主総会決議取消しの訴え（831条）

1　請求原因

> 831条（株主総会等の決議の取消しの訴え）
> 1　次の各号に掲げる場合には，／**株主等**（当該各号の株主総会等が創立総会又は種類創立総会である場合にあっては，株主等，設立時株主，設立時取締役又は設立時監査役）は，／**株主総会等の決議の日から3箇月以内に，**／**訴えをもって**／**当該決議の取消しを請求することができる。**／**当該決議の取消しにより株主**（当該決議が創立総会の決議である場合にあっては，設立時株主）**又は取締役**（監査等委員会設置会社にあっては，監査等委員である取締役又はそれ以外の取締役。以下この項において同じ。），**監査役若しくは清算人**（当該決議が株主総会又は種類株主総会の決議である場合にあっては第346条第1項［役員等権利義務者］（第479条第4項［清算人への準用］において準用する場合を含む。）の規定により取締役，監査役又は清算人としての権利義務を有する者を含み，当該決議が創立総会又は種類創立総会の決議である場合にあっては設立時取締役（設立しようとする株式会社が監査等委員会設置会社である場合にあっては，設立時監査等委員である設立時取締役又はそれ以外の設立時取締役）又は設立時監査役を含む。）**となる者も，**／**同様とする。**
> 一　株主総会等の招集の手続又は決議の方法が／法令若しくは定款に違反し，／又は著しく不公正なとき。
> 二　株主総会等の決議の内容が／定款に違反するとき。
> 三　株主総会等の決議について特別の利害関係を有する者が／議決権を行使したことによって，／著しく不当な決議がされたとき。
> （2項省略）

（1）総説

　株主総会決議は，手続に瑕疵があっても，効力が発生すればとりあえず有効なものとし，取消事由があれば，提訴期間内に原告適格を有

する者のみが提起し得る株主総会決議取消しの「訴えをもって」, その取消しを請求することができる (831条1項柱書前段)。株主総会決議取消しの訴えは**形成訴訟**であり, 決議を取り消す判決の確定により, 当該決議の効力が遡及的に否定される (839条反対解釈)。

(2)　否決された決議の取消しを求める訴え

議案を否決する決議は, これを取り消しても新たな法律関係が生じるものではなく, 訴えの利益を欠くため却下される (最判平成28・3・4民集70巻3号827頁〈百選35事件〉。その射程につき百選35事件の解説 [髙橋陽一] 参照)。

(3)　**要件事実** (類型別 I 351頁・499頁 (訴状例), 岡口125頁参照)

株主が原告となる場合を例に, 要件事実を整理する。

Kg1　原告適格基礎付事実

「原告Xは, 被告会社Y社の株主である。」

Kg2　取消しの対象：株主総会決議

「被告会社Y社は, 令和〇年〇月〇日に株主総会 (以下「本件株主総会」という) を開催し, ……旨の決議 (以下「本件決議」という) を行った。」

Kg3　取消事由

(1)　1号の場合

「……であるから,」

①　招集手続の法令定款違反

「本件株主総会の招集手続は法令又は定款に違反する。」

②　決議方法の法令定款違反

「本件決議の方法は法令又は定款に違反する。」

③　招集手続の著しい不公正

「本件株主総会の招集手続は著しく不公正である。」

④　決議方法の著しい不公正

「本件決議の方法は著しく不公正である。」

> (2)　2号の場合
> 「……であるから，本件決議の内容は定款に違反する。」
> (3)　3号の場合
> ①　特別利害関係人
> 「……であるから，株主Zは議案につき特別の利害関係を有する。」
> ②　議決権行使と決議成立の因果関係
> 「本件決議は，当該株主Zの議決権行使により成立した。」
> ③　決議内容の著しい不公正
> 「……であるから，本件決議の内容は著しく不当である。」

(4)　Kg1：原告適格

原告適格を有する「**株主等**」（831条1項柱書前段）は，**株主，取締役，監査役設置会社の監査役**等とされる（828条2項1号）。当該決議の取消しにより株主，取締役（取締役権利義務者（346条1項）を含む）又は監査役（監査役権利義務者（346条1項）を含む）となる者も，原告適格を有する（831条1項柱書後段括弧書）。

(5)　Kg1：他人名義による株式の引受の場合の株主

株主総会決議取消しの訴えに限らないが，会社訴訟の大部分を占める**非公開会社**が関連する訴え全般で，そもそも「**株主**」が誰かが前提問題となる事案が少なくない。**他人名義による株式の引受**等がなされるからだが，そのような事案で判例は，一般私法上の法律行為の場合と同じく，契約当事者として申し込んだ**実質上の引受人（名義借用者）**が株主となり，名義人（名義貸与者）は株主とならないとする（**実質説**。最判昭和42・11・17民集21巻9号2448頁〈百選8事件〉（但し株主地位確認の訴えの事案）。実質説の判断基準につき百選8事件の解説［神作裕之］参照）。

(6)　Kg2：決議日

取り消す対象となる決議の特定，決議日から3か月以内との提訴期間（831条1項柱書）の起算日の明示のため，決議日を記載する。

(7)　Kg2：決議の成立

決議は，**会社が株主の投票を集計し決議結果を認識し得る状態**となった時点で成立する（東京高判令和元・10・17金判1582号30頁［アドバネクス事件］〈百選A9事件〉）。実務では議長が結果を宣言するが，この宣言は決議の成立要件ではない。

(8)　Kg3(1)①：招集手続の法令違反

招集手続の法令違反の例として，取締役会決議を欠く招集（298条4項），招集通知漏れ（299条1項），法定の期限に後れた招集通知の発送（299条1項。最判昭和46・3・18民集25巻2号183頁〈百選38事件〉），取締役会が決議した目的事項（298条1項2号・4項）の招集通知での記載漏れ（299条4項。司法試験令和2年度論文式問題参照），株主総会参考書類の記載不備（301条1項，会社則73条以下）等がある。

他の株主に対する招集手続の瑕疵も，取消事由として主張できる（最判昭和42・9・28民集21巻7号1970頁〈百選33事件〉）。株主総会の適正運営を図るとの制度趣旨，831条1項柱書も「株主」一般に原告適格を認めることが理由だが，法的安定性の観点より，当該瑕疵により不利益を受けた株主が株主総会に出席して異議を述べずに決議に参加するなどしてその瑕疵を承認した場合，瑕疵が治癒される余地がある（百選33事件の解説［周剣龍］参照）。

(9)　Kg3(1)①：全員出席総会（代理出席含む）

招集手続は，株主に**株主総会への出席の機会**を与えるとともに，**議事及び決議に参加する準備の機会**を与えることを目的とする。よって，**旧商法下**での判例は，招集手続を欠く場合であっても，株主全員がその開催に同意して出席した**全員出席総会**において，株主総会の権限に属する事項につき決議をしたなら決議は有効に成立するとした（最判昭和46・6・24民集25巻4号596頁（一人会社の事案））。また，最判昭和60・12・20民集39巻8号1869頁〈百選27事件〉は，**代理出席により全員出席総会となる場合**も，株主が会議の目的事項を了知して委任状を作

成し，決議が会議の目的事項の範囲内であれば決議は有効に成立するとした。

　しかし，**会社法施行後**，後者につき疑義がある。**非取締役会設置会社**では，株主総会で株式会社に関する一切の事項を決議できるとともに（295条1項），会議の目的事項に限らず全ての事項を決議できる（309条5項反対解釈）との建付けのため，招集通知に記載されていない事項が決議される場合もある（299条4項）。これでは代理出席の株主は不意打ちを受けるおそれがあり，前記昭和60年最判〈百選27事件〉の射程が及ぶか議論がある（百選27事件の解説［鈴木千佳子］参照）。

　(10)　Kg3⑴②：決議方法の法令違反

　決議方法の法令違反の例として，定足数不足（309条1項），賛否の認定の誤り（309条1項），取締役会が決議した目的事項（298条1項2号・4項）以外の目的事項の決議（309条5項本文。司法試験平成25年度論文式問題参照），株主の議決権行使に関する利益供与（120条1項。東京地判平成19・12・6判タ1258号69頁［モリテックス事件］〈百選31事件〉）等がある。

　説明義務違反（314条，会社則71条）については，**説明義務の範囲及び程度**は，株主が会議の目的事項を合理的に判断するのに客観的に必要な範囲につき，平均的な株主が議題を合理的に理解し判断し得る程度の説明，具体的には計算書類や株主総会参考書類の記載に若干補足した程度とされる（東京高判昭和61・2・19判時1207号120頁〈百選32事件〉及びその解説［小林俊明］参照）。

　(11)　Kg3⑴②：130条1項（株式の譲渡の対抗要件）の一般承継への適用の可否

　株式譲渡の会社に対する対抗要件につき定める130条1項は，株式の「譲渡」の場合のみを対象とする書き振りで，立案担当者も相続による株式の移転の場合に適用されないと解説する（論点解説139頁）。しかし，多数説は，相続等の一般承継の場合にも**変動する株主の確定**との130条1項の趣旨が妥当するため，一般承継の場合にも130条1項が適用

されるとする（龍田・前田271頁，逐条解説2巻255頁［北村雅史］，コンメンタール3巻324頁［伊藤靖史］他。なお，大判明治40・5・20民録13輯571頁）。

　多数説によれば，基準日前に株主となった相続人が名義書換未了であれば，会社が当該株主の株主総会への出席を拒否しても決議取消事由とならない（司法試験平成29年度論文式問題参照）。

　(12)　Kg3(1)②：共有株式につき権利行使者を指定した通知がない場合の会社の同意（106条但書）による議決権行使の適法性

　標題の点が争点となった事案で，最判平成27・2・19民集69巻1号25頁〈百選11事件〉は，株主の共有者による権利の行使につき定める106条但書の法意につき，民法との関係を整理しつつ以下のとおり判示した。

　まず，106条本文は，民法の共有規定の例外となる「特別の定め」（民264条但書）である。次に，「株式会社が当該権利を行使することに同意した場合は，この限りではない」とする106条但書は，その文言に照らすと，会社が同意した場合，「特別の定め」（民264条）である106条本文の適用が排除されることを定めたものである。つまり，会社が106条但書の同意をした場合，民法の共有規定の原則に戻る。

　そうすると，共有株式につき106条本文所定の指定による通知がないのに会社が106条但書の同意をしたことにより権利が行使された場合において，当該権利行使が民法の共有規定に従ったものでないときは，当該議決権の行使は適法とならない。言い換えれば，会社は，権利行使が民法の共有規定に従った場合しか同意できず，そうでなければ決議取消事由となる。

　その上で，民法の共有規定によると，共有株式の議決権の行使は，当該議決権の行使をもって直ちに株式を処分し又は株式の内容を変更することになるなど特段の事情のない限り，共有株式の管理行為として，各共有者の共有持分の過半数で決せられるとする（民252条本文）。当該特段の事情として，組織再編や解散の議案が可決されることとな

る場合等が考えられ，このような場合，共有株式の**変更行為**であるから**共有者全員の同意**を要する（民251条。百選11事件の解説［福島洋尚］参照）。

　(13)　Kg3(1)②：代理人資格の定款による制限

　まず，**代理人の資格を株主に制限する定款規定**は，株主以外の第三者による株主総会の**撹乱防止**との合理的理由による相当程度の制限ゆえ，310条1項前段に違反しない（最判昭和43・11・1民集22巻12号2402頁〈百選29事件〉）。この点を前提に，定款による代理人資格の制限が決議取消事由として問題となる場合として，**①定款により代理人となれない非株主が代理人として株主総会に参加した場合**と，**②非株主が代理人として株主総会に出席することを拒否された場合**がある。

　まず，①については，定款の合理的解釈等により，例えば**法人株主が指揮命令に復する職員を代理人にする場合**，撹乱のおそれはなく，当該定款規定は適用されないとする判例があるが（最判昭和51・12・24民集30巻11号1076頁〈百選34事件〉），この判例の射程がどこまで及ぶかは悩ましい。非公開会社の株主が入院中のため親族を代理人としたような場合には及ぶであろうが，**株主ではない弁護士を代理人とする場合**については裁判例で結論が分かれる（百選29事件の解説［高田晴仁］参照）。

　次に，②については，①と表裏の関係にある。①のとおり，株主総会の受付が入場させるべきか判断するのが困難な場合があり，仮に決議取消事由となっても裁量棄却の余地があろう。

　なお，①を決議取消事由とする場合，「代理人の資格を株主に制限する定款第○○条に違反して株主総会に参加させた」ことを理由とするので，**決議方法の定款違反**の主張となる。これに対し，②を決議取消事由とする場合は，「定款規定を限定解釈して会社法310条1項により議決権の代理行使を認めるべきであったのに代理行使させず，会社法310条1項に違反した」ことが理由となるので，**決議方法の法令違反**となろう（髙橋他142頁［髙橋美加］）。

(14)　Kg3(1)②：代理人による議決権行使が株主本人の指示に反する場合

　代理人による議決権行使が株主本人の指示に反する場合，代理権の逸脱ないし濫用として無効と解される（前出東京地判平成19・12・6 [モリテックス事件]〈百選31事件〉，東京高判令和元・10・17金判1582号30頁 [アドバネクス事件]〈百選A9事件〉）。表見代理や権限濫用に関する法理が適用されるか争いがあるが，仮に適用されず決議取消事由となっても裁量棄却の余地があろう（髙橋他143頁 [髙橋美加]）。

(15)　Kg3(1)③：招集手続の著しい不公正

　招集手続の著しい不公正の例として，出席困難な時刻や場所への招集等がある。

(16)　Kg3(1)④：決議方法の著しい不公正

　決議方法の著しい不公正の例として，動議の取扱いや質疑打切り等に関する議長の裁量を逸脱した議事運営（315条）等が考えられる。なお，**議長不信任動議**は，当事者である議長による裁量判断になじまないため，当該動議が合理性を欠くことが一見明白でない限り，議長はこれを議場に諮るべきと解される（田中191頁他）。

(17)　Kg3(2)：決議内容の定款違反

　決議の内容が定款に違反する場合の例として，定款で取締役の資格を株主に制限している場合に株主でない者を取締役に選任する決議，定款所定の上限人数を超える取締役の選任等がある。会社の内部規律の違反にすぎないから，無効事由ではなく取消事由に落とされる。

(18)　Kg3(3)①：特別利害関係株主

　株主が**「特別の利害関係を有する者」**（831条1項3号）に該当するかは，**議案の成立により他の株主と共通しない特殊な利益を獲得し又は不利益を免れる**か否かにより判断される（髙橋他152頁 [髙橋美加]，LQ168頁 [松井秀征]）。合併の承認決議における合併の相手方たる株主，第三者割

当増資の承認決議における当該引受人たる株主，役員退職慰労金支給決議における支給を受ける役員又はその相続人たる株主，株主たる取締役の任務懈怠に基づく会社に対する損害賠償責任を免除する決議における当該取締役たる株主等が該当する。

　他方，**取締役の選任又は解任の議案における候補者等の株主**は，「特別の利害関係を有する者」（831条1項3号）に当たらない。取締役の選任及び解任は**資本多数決**に任せてよく，その修正については取締役解任の訴え（854条）が用意されているし，裁判所も当該取締役候補者が「著しく不当」（831条1項3号）か判断できるわけではない（黒沼91頁参照）。

　ちなみに，**取締役会で代表取締役を解職する場合の当該代表取締役**が「**特別の利害関係を有する取締役**」（369条2項）に当たるかについては，判例は当たるとするので（最判昭和44・3・28民集23巻3号645頁〈百選63事件〉），注意が必要である。会社の経営・支配に大きな権限と影響力を有する代表取締役の忠実義務違反の予防，取締役会決議の公正担保等を理由とするが，反対説も有力である（江頭436頁，田中235頁）。

　(19)　Kg3(3)②：議決権行使と決議成立の因果関係

　特別の利害関係を有する株主の議決権行使がなくても，他の株主の議決権行使により決議が成立した場合，特別の利害関係を有する株主の議決権行使に「よって」著しく不当な決議がなされたとはいえず，原則として要件を充足しない。

　(20)　Kg3(3)③：著しく不当な決議

　「著しく不当」の内容は，利害関係の内容により異なるが，例えば**資本多数決の濫用**となるか否かにより判断されよう。

　(21)　効　果

　請求原因充足の効果は，次のとおりである。

「よって，本件株主総会決議は取り消される。」

(22)　複数の決議がなされた場合の決議取消事由と取り消される決議の対応

　第1号議案「定款変更の件」，第2号議案「合併契約承認の件」，第3号議案「取締役3名選任の件」のように複数の議案があるため決議も複数ある場合，当該取消事由により取り消される決議はどれかを意識する必要がある。

　例えば，招集通知漏れなどの招集手続法令違反は，全ての決議の取消事由となり得る。他方，説明義務違反の取消事由が認められるのが第3号議案の決議のみである場合，取り消されるのは第3号議案の決議だけであり，その他の決議は取り消されない。

　ちなみに，「取締役3名選任の件」での議案及び決議は人数分の3件あり（司法試験平成24年度論文式問題参照），そのうちの1名の選任決議のみが取り消される場合もある。**取締役会設置会社において「取締役3名選任の件」との議題なのに5名選任された場合**，株主が株主総会に出席するか否かなどを判断するための情報提供機能が害されるため309条5項に反し，原則として決議方法の法令違反（831条1項1号）になると解される。得票数の少ない2名分の決議のみ取り消すべきと解されるが，全員の選任に影響する特段の事情があれば，全員の選任決議を取り消すべき場合もあろう（髙橋他117頁［髙橋美加］参照）。

(23)　遡及効

　決議を取り消す判決には**遡及効**があるが（839条反対解釈），判決確定までに会社が対外的取引をした場合，**取引の安全**が害されるおそれがある。このような場合，**表見代表取締役**（354条）や**不実登記**（908条2項）に関する規定が適用される余地がある。

2　抗　弁

831条（株主総会等の決議の取消しの訴え）
（1項省略）

> 2　前項の訴えの提起があった場合において，／株主総会等の招集の手続又は決議の方法が法令又は定款に違反するときであっても，／裁判所は，／その違反する事実が重大でなく，／かつ，決議に影響を及ぼさないものであると認めるときは，／同項の規定による請求を棄却することができる。

(1)　総　説

831条2項は「裁量棄却」と通称されるが，沿革的なものにすぎず，裁判所に政策的裁量権が認められるわけではない（江頭386頁）。

(2)　要件事実

> 1　適用場面：招集手続又は決議方法の法令定款違反
> 「……であるから，本件株主総会決議の招集手続又は決議方法は法令又は定款に違反する。」
> 2　要件
> 「もっとも，」
> (1)　違反事実が重大ではない
> 「……であるから，その違反する事実は重大でない。」
> (2)　決議に影響なし
> 「……であるから，違反は決議に影響を及ぼさない。」

(3)　要件事実1：裁量棄却が許される場合

裁量棄却は，招集手続又は決議方法の法令定款違反の場合のみ検討する（831条2項）。言い換えれば，同じく831条1項1号に該当する場合でも，招集手続又は決議方法の著しい不公正の場合には裁量棄却の余地はない（「著しく不公正」の判断の中で実質的に判断される）。

また，831条1項2号（決議内容定款違反）又は3号（特別利害関係人の議決権行使による著しく不当な決議）に該当する場合も，裁量棄却の余地はない。

(4)　要件事実2(1)：違反する事実が重大ではない

故意に法令又は定款に違反した場合，原則として違反する事実は重

大で裁量棄却は認められないであろう。違反する事実が重大とした裁
判例として，取締役会の決議に基づかずに招集されその招集通知が全
ての株主に対して法定の招集期間に2日足りない事案（最判昭和46・3・18
民集25巻2号183頁〈百選38事件〉），事業譲渡の承認が株主総会の目的事項
とされる場合に招集通知に記載すべきとされている議案の概要の記載
（298条1項5号，会社則63条7号ト）を欠く事案（最判平成7・3・9判時1529号153
頁）がある。

(5)　**要件事実2(2)：決議に影響を及ぼさない**

違反する事実が重大でないため要件事実2(1)を満たしても，当該瑕
疵により決議に影響がある場合，裁量棄却は許されない。言い換えれ
ば，違反する事実が重大でないこと（要件事実2(1)）と決議に影響を及
ぼさないこと（要件事実2(2)）の両方を満たさなければ，裁量棄却は許
されない。例えば，票の数え間違いが過失によるなら，違反する事実
は重大でない（要件事実2(1)充足）とされ得るが（東京高判平成22・11・24資
料商事322号180頁），数え直せば賛否が逆転するなら決議に影響を及ぼ
さないとはいえず（要件事実2(2)充足せず），裁量棄却は許されない（高橋
他160頁［久保大作］）。

第3節　株主総会決議無効確認・不存在確認の訴え（830条）

1　総　説

決議が無効又は存在しないことの「確認を，訴えをもって請求する
ことができる」（830条）とされるとおり，**株主総会決議無効確認の訴え
及び株主総会決議不存在確認の訴え**は確認訴訟である。つまり，初め
から無効又は不存在である決議を，判決によりそれと確認するもので
ある。

　例えば，欠格事由（331条1項）のある者を取締役に選任する決議のように，株主総会決議の内容に法令違反がある場合，その決議は当然に無効であり，いつでも，誰でも，どのような方法でも無効を主張することができる。もっとも，株主総会決議は多数の者の利害に関係するから，**法律関係の画一的確定**を図ることが望ましい場合もあるため，会社法は株主総会決議無効確認の訴え（830条2項）を設け，認容判決に対世効を認める（838条）。

　株主総会決議が存在しない場合も同様で，もとより何ら法的効力は生じず，いつでも，誰でも，どのような方法でも不存在を主張することができるが，法律関係の画一的確定を図ることが望ましい場合もあるため，株主総会決議不存在確認の訴え（830条1項）を設け，認容判決に対世効を認める（838条）。

2　請求原因

> 830条（株主総会等の決議の不存在又は無効の確認の訴え）
> 　1　株主総会若しくは種類株主総会又は創立総会若しくは種類創立総会（以下この節及び第937条第1項第1号トにおいて「株主総会等」という。）の決議については，／決議が存在しないことの確認を，／訴えをもって請求することができる。
> 　2　株主総会等の決議については，／決議の内容が法令に違反することを理由として，／決議が無効であることの確認を，／訴えをもって請求することができる。

　株主が原告となる場合を例に，要件事実を整理する。
（1）　要件事実1：無効確認の場合（類型別Ⅰ353頁・500頁（訴状例），岡口131頁・133頁参照）

> Kg1　原告適格基礎付事実：株主
> 「原告は，被告会社の株主である。」
> Kg2　無効確認の対象：株主総会決議

> 「被告会社は，令和〇年〇月〇日に株主総会を開催し，……旨の決議を行った。」
> Kg3　無効事由：決議内容法令違反
> 「……であるから，当該決議の内容は法令に違反する。」

(2)　要件事実2：不存在確認の場合（類型別 I 353頁・500頁（訴状例），岡口131頁・133頁参照）

> Kg1　原告適格基礎付事実：株主
> 「原告は，被告会社の株主である。」
> Kg2　不存在確認の対象：株主総会決議の外観
> 「被告会社は，……との株主総会決議が存在すると主張し，当該決議を前提とする……との登記が存在する。」
> Kg3　不存在事由（(1)又は(2)）
> 「……であるから，」
> (1)　物理的不存在
> 「決議の事実が存在しない。」
> (2)　法律的不存在
> 「決議はあるがその手続的瑕疵が著しく，決議が法律上存在するとは認められない。」

(3)　Kg1：原告適格

　株主総会決議の無効確認及び不存在確認の訴えについては，原告適格に関する明文はなく，一般の確認訴訟と同様**確認の利益**を有する者に原告適格が認められる。**株主**は共益権，**取締役**は業務執行権限及び監督権限（362条2項），**監査役設置会社の監査役**は業務監査権限（381条2項等）を有するため，いずれも原則として確認の利益がある。これら以外の第三者については，ケースバイケースで判断される。

(4)　Kg1：相続により株式を共有するに至った共同相続人の原告適格

　株式が共有の場合，**会社の事務処理の便宜**を図るため，**権利行使者**としての**指定**を受けてその旨を会社に**通知**しなければ，当該株式につ

き権利を行使することができない（106条本文）。よって判例は，**株式を相続により共有するに至った共同相続人が権利行使者としての指定を受けて会社に通知していない場合**，特段の事情がない限り株主総会決議不存在確認の訴えの原告適格を有しないとする（最判平成2・12・4民集44巻9号1165頁〈百選9事件〉（特段の事情ありとして原告適格を肯定））。株主総会決議取消しの訴えなどにおいても，同様であろう。

　なお，**共有株式の権利行使者の指定方法**については，共有者の全員一致を要するとの説もあるが，**共有持分の過半数**をもって決するのが判例である（最判平成9・1・28判時1599号139頁〈百選10事件〉）。全員一致を要求すると一人でも反対すれば全員の権利行使が不可能となる，そうなれば会社の運営に支障を来すおそれがあることが理由とされる。

(5)　Kg1：事前警告型買収防衛策における勧告的決議の無効確認の利益

　事前警告型買収防衛策の一環として，株主意思確認のため，いわゆる株主総会の**勧告的決議**がなされる場合がある。このような**株主総会の権限（295条2項）に属しない事項の決議は無効であるとの確認を求める訴えの原告に確認の利益がある**かが争われた事案で，「当該決議の法的効力に関して疑義があり，これが前提となって，当該決議から派生した**法律上の紛争**が現に存在する場合において，当該決議の法的効力を確定することが，上記紛争を**解決**し，当事者の法律上の地位ないし利益が害される危険を除去するために**必要かつ適切**であるときは，確認の利益がある」とした裁判例がある（東京地判平成26・11・20判時2266号115頁〈百選A43事件〉（但し訴え却下））。

(6)　Kg3：決議内容の法令違反

　決議内容の法令違反の例として，欠格事由のある者を取締役や監査役に選任する決議（331条1項・335条1項），違法な内容の計算書類の承認決議（438条2項），株主平等原則に違反する内容の決議（109条1項）等が考えられる。

　(7)　Kg3：非公開の取締役会設置会社における代表取締役を取締役
　　会決議によるほか株主総会決議によっても定めることができる
　　旨の定款規定に基づく代表取締役選定決議

　最決平成29・2・21民集71巻2号195頁〈百選41事件〉は，非公開の取
締役会設置会社の事案で，標題の定款規定を**有効**とした。よって，**当
該定めに基づく株主総会による代表取締役選定決議**の内容は法令に違
反せず，無効事由にならない。取締役会による代表取締役の選定及び
解職（362条2項3号）が否定されておらず，取締役会の監督機能実効性が
失われていないことが理由だが，その射程につき議論がある（百選41事
件の解説［三宅新］参照）。

　(8)　Kg3(1)：決議の物理的不存在

　不存在事由には，**決議の事実自体が存しない場合**（以下「**物理的不
存在**」という）と，**決議はあるがその手続的瑕疵が著しく決議が法律
上存在するとは認められない場合**（以下「**法的不存在**」という）があ
る。この点，物理的不存在の証明は消極的事実の証明であるから，実
務ではむしろ被告である会社が株主総会決議の存在を主張立証する運
用と理解される。

　(9)　Kg3(2)：決議の法的不存在

　次に，法的不存在は，提訴期間の制限がないため厳格に解されるが，
裁判例では，一部の株主が勝手に集まり決議した場合（東京地判昭和30・
7・8下民6巻7号1353頁），取締役会設置会社で平取締役が取締役会決議に
よらずに株主総会を招集した場合（最判昭和45・8・20判時607号79頁），株
主のうち代表取締役とその実子にのみ口頭で招集を通知し他の株主に
は通知しないまま株主総会決議をした場合（最判昭和33・10・3民集12巻14
号3053頁），株主総会開催禁止の仮処分に違反して株主総会を開催して
決議した場合（浦和地判平成11・8・6判タ1032号238頁）などで株主総会決議
が存在しないとされている。

　取締役選任決議が存在しないとされる場合に，その者を構成員とす

る取締役会の決議で選任された代表取締役が招集した株主総会での決議も，当該代表取締役は正当に選任されたものではないから，全員出席総会であるなどの特段の事情がない限り決議不存在とされる（最判平成2・4・17民集44巻3号526頁〈百選39事件〉）。他方，株主総会を招集する取締役会決議を欠いても代表取締役が招集した場合，決議不存在事由ではないとされ（最判昭和46・3・18民集25巻2号183頁〈百選38事件〉），招集手続法令違反の決議取消事由（831条1項1号）にとどまる。

　(10)　Kg3(2)：招集通知を受けず出席できなかった株主の議決権割
　　　　合が著しい場合

　招集通知を受けず出席できなかった株主が，議決権を有する総株主のどの程度の割合に至れば株主総会決議は法律上存在しないとされるのか。判断基準は，株主総会が会議体としての体を成しているか否かと解される。

　個別事案の内容にもよるが，過去の裁判例を概観すれば，当該割合が**40％超**なら**決議不存在**となるが，**20％未満**なら決議不存在とはならず，**招集手続法令違反**の決議取消事由（831条1項1号）にとどまるとの傾向があるとされる（類型別Ⅰ396〜400頁，基礎150頁）。その間のグレーゾーン（20〜40％）については，会社側が反対派を排除せんとする主観的事情の有無及び強弱，招集通知を受けず出席できなかった株主が決議に参加した場合の影響の強弱，株主総会決議取消しの訴えの提訴期間の制限（3か月）による法律関係の早期安定の要請を犠牲にしてまで争わせる必要性等を斟酌して判断されよう（田中207頁参照）。

招集漏れ かつ欠席	0〜20%	20〜40%	40〜100%
瑕疵の程度	株主総会決議 取消し	（グレーゾーン）	株主総会決議 不存在

(11)　効　果

請求原因充足の効果は，次のとおりである。

「よって，本件株主総会決議は」
(1)　株主総会決議無効確認の訴えの場合
「無効である。」
(2)　株主総会決議不存在確認の訴えの場合
「存在しない。」

第3章　新株発行の瑕疵を争う訴え

第1節　総　説

1　概念の整理

講学上，広義の**新株発行**は発行済株式総数が増加する場合を総称する概念とされ，そのうち，199条以下の手続に従い行われるもの（株式会社の成立後に株主となる者に出資の履行をさせて新株を発行する場合）を**通常の新株発行**，その他（株式無償割当，組織再編の対価のため行われる新株発行等）を**特殊の新株発行**と呼ぶ。

会社法は，**通常の新株発行**と**自己株式の処分**をあわせて「**募集株式の発行等**」に一元化し，横断的に規律した。なお，「**募集株式**」は新株と自己株式の両方を含むが（199条1項），「**募集株式の発行**」との語を使う場合は自己株式の処分を含まない（新株発行等の概念につき神田151頁・153頁参照）。

ちなみに，834条2号は，「株式会社の成立後における株式の発行の無効の訴え」を「**新株発行の無効の訴え**」と定義する。829条の標題（新株発行等の不存在の確認の訴え）とあわせて読むと，会社法は，「**新株**

「発行」を通常の新株発行の意味で用いていると解される。実務でも，新株発行は通常の新株発行の意味で用いられることが通常と思われ，本書もこれに倣う。なお，例えば組織再編の対価として新株を発行した際の瑕疵については，組織再編無効の訴え（828条1項7号ないし13号）で処理される（田中524頁）。

　以下では，**新株発行無効の訴え**（828条1項2号）及び**新株発行不存在確認の訴え**（829条1号）につき整理する。その内容は，自己株式処分無効の訴え（828条1項3号），新株予約権発行無効の訴え（同項4号），自己株式処分不存在確認の訴え（829条2号）及び新株予約権発行不存在確認の訴え（同条3号）においても概ね妥当する。

2　種　類

　新株発行の効力を民法の一般原則どおりに争えるなら，取引安全を害するなどの弊害が生じる。そのため，新株発行の**無効**は「訴えをもってのみ主張することができる」（828条1項柱書）こととされ，前述のとおり**法律関係の安定**のため提訴期間や原告適格が制限されるとともに（828条1項2号・2項2号），**取引安全**のため認容判決には遡及効がない（839条）。また，**法律関係の画一的確定**を図るため，認容判決には対世効がある（838条）。

　他方，新株発行の**不存在**については，訴えによらずいつでも，誰でも，どのような方法でも主張することができる。もっとも，**法律関係の画一的確定**を図ることが望ましい場合もあるため，新株発行が存在しないことの確認を「訴えをもって請求することができる」（829条柱書）（828条1項柱書と違い「のみ」の語はない）とされ，認容判決には対世効がある（838条）。

　これらにつき，原告適格等を整理すると**表**のとおりとなる。

【新株発行の瑕疵を争う訴え】

	新株発行無効の訴え	新株発行不存在確認の訴え
原告適格	株主，取締役，監査役設置会社の監査役等（828Ⅱ②）	規定なし （確認の利益がある者）
提訴期間	新株発行の効力発生日（払込期日又は払込期間末日）から起算して6か月（公開会社の場合）又は1年（非公開会社の場合）以内（828Ⅰ②）	制限なし
対世効	あり（838）	
遡及効	なし（839）	あり（839反対解釈）

第2節　新株発行無効の訴え（828条1項2号）

1　請求原因

（1）　要件事実（類型別Ⅱ589頁・964頁（訴状例），岡口141頁参照）

株主が原告となる場合を例に，要件事実を整理する。

Kg1　当事者適格基礎付事由
（1）　被告会社の類型（①又は②）
「被告会社は」
①　非公開会社
「非公開会社である。」
②　公開会社
「公開会社である。」
（2）　株主
「原告は，被告会社の株主である。」

Kg2　無効とする対象：新株発行

「被告会社は，令和〇年〇月〇日取締役会を開催し，……との内容で普通株式△△株を発行する旨の決議をした後，各引受人が払込期日の同年□月□日までに全額の払込みを了し，発行済株式総数等につき変更登記がなされた。」

Kg3　無効事由

「……であるから，本件新株発行には無効事由がある。」

---

(2)　Kg1(1)：被告会社の類型

公開会社か非公開会社かにより提訴期間や無効事由の範囲が異なるため，請求原因でいずれであるかを示す。

(3)　Kg1(2)：原告適格

原告適格を有するのは，当該会社の**「株主等」**(828条2項2号)，具体的には**株主，取締役，監査役設置会社の監査役**等である（同項1号）。

(4)　Kg2：払込期日又は払込期間の末日

新株発行無効の訴えの提訴期間は，効力発生日から起算して6か月（公開会社の場合）又は1年（非公開会社の場合）以内であるため（828条1項2号），払込期日又は払込期間の末日を記載する。

なお，払込期間が設けられた場合，引受人は出資履行日に株主となり（209条1項2号），つまり新株発行の効力が何日かにわたりバラバラに生じるが，提訴期間の起算日は払込期間の末日とされる（江頭811頁）。

(5)　Kg3：無効事由

無効事由の定めはなく，解釈に委ねられるが，**取引安全**のため**重大な瑕疵**がある場合に限られるとされ（田中524頁），例えば定款所定の発行可能株式総数の超過（37条・113条，東京地判昭31・6・13下民7巻6号1550頁）が挙げられる。特に**公開会社**では無効事由は限られ，**取締役会決議を欠く新株発行**（最判昭和36・3・31民集15巻3号645頁）はもとより，**株主総会特別決議を欠く有利発行**（最判昭和46・7・16判時641号97頁〈百選22事件〉。有利発行につき3参照）も無効事由とならない。

　無効事由とならない場合，法令に違反した取締役に対する責任の追及が問題となるところ，**第3編第4章第1節第2款**等で取り扱う。

　(6)　Kg3：新株発行の差止と関連する無効事由

　まず，**新株発行差止仮処分命令に違反した場合**は，無効事由とされる（最判平成5・12・16民集47巻10号5423頁〈百選99事件〉）。次に，**公開会社において要求される通知又は公告（201条3項・4項）を欠く場合**，差止請求の機会を奪うことになるため，差止請求をしても差止事由がないためこれが許容されないと認められる場合でない限り，新株発行の無効事由となる（最判平成9・1・28民集51巻1号71頁〈百選24事件〉）。

　判例は，取引安全のため無効事由を限定し，**既存株主の利益の保護**は**差止請求権**によるべきとしつつ，差止請求権を奪う瑕疵は無効事由とするものと解される（百選24事件の解説［戸川成弘］参照）。

　(7)　Kg3：非公開会社で株主総会特別決議を欠く場合

　非公開会社では，会社の支配権に関わる**持株比率の維持**に係る既存株主の利益の保護が重視され，かつ，株式取引の安全を図る必要性は公開会社より小さい。よって，非公開会社における新株発行で株主総会特別決議（199条2項・309条2項5号）を欠けば，無効事由となる（最判平成24・4・24民集66巻6号2908頁〈百選26事件〉）。よって，前出最判昭和46・7・16〈百選22事件〉の射程は，公開会社に限られることとなる（百選22事件の解説［家田崇］参照）。

　となれば，非公開会社では，**新株発行を承認する株主総会特別決議の取消事由**が，**新株発行の無効事由**になり得る。この場合の**株主総会決議取消しの訴えと新株発行無効の訴えの関係**につき，4で取り扱う。

　(8)　Kg3：不公正発行（210条2号）

　著しく不公正な方法により行われる募集株式の発行等（210条2号）（247条2号の場合とあわせて以下**「不公正発行」**という。内容につき**第2編第3章2参照**）につき，旧商法下の判例は，公開会社に相当す

る会社の事案で無効事由ではないとした（最判平成6・7・14判時1512号178
頁〈百選100事件〉，前出最判平成9・1・28〈百選24事件〉）。不公正発行の場合，
まず新株発行差止仮処分（210条2号，民保23条2項）によるべきで，発令さ
れた仮処分命令に違反して新株発行が強行された場合は無効事由とす
るが（前出最判平成5・12・16〈百選99事件〉），不公正発行自体は無効事由と
はしないとのスタンスであろう。

　以上が伝統的な理解だが，会社法施行後，前述のとおり，非公開会
社における新株発行につき，会社の支配権に関わる持株比率の維持に
係る既存株主の利益の保護を重視し，株主総会特別決議を欠く場合に
無効事由ありとする前出最判平成24・4・24〈百選26事件〉が出された。
非公開会社における持株比率の維持の要請は，不公正発行についても
同様に妥当するため，少なくとも非公開会社では不公正発行も無効事
由と解する余地がある（法セミ司法試験平成25年64頁［大杉謙一］，山下友信・
神田秀樹編「商法判例集［第8版］」113頁（有斐閣，令和2年），上田純子・松嶋隆
弘編『論文演習会社法上巻』110頁［横尾亘］（勁草書房，平成29年）・同下巻［第
2版］81頁・92頁［大久保拓也・山岡達也］（勁草書房，令和3年））。

　（9）　Kg3：公開会社における支配株主の異動を伴う募集株式の割当
　　　　等の場合（206条の2）

　平成26年改正により，公開会社における支配株主の異動を伴う募集
株式の割当等の場合に，**割当先株主に関する通知又は公告**が必要とな
った（206条の2第1項・2項）。この**通知又は公告を欠く場合**，反対通知を
して株主総会決議による承認を要求する機会を株主に与えなかった瑕
疵は重大として，無効事由とする説が有力である（江頭808頁）。

　次に，この**反対通知多数により株主総会決議が必要であるのに**（206
条の2第4項）株主総会決議による承認を得なかった場合も，無効事由と
する説が有力である（東京地判令和3・3・18令元（ワ）16629号・令2（ワ）12560
号，江頭808頁，高橋他322頁［久保田安彦］）。時間的に株主による差止請求

の期間がない，支配株主の異動を伴えば実質的に会社の基礎の変更に当たる，支配株主は発行株式を手放さないのが通例なので無効としても取引安全を害しないことなどが理由とされる。

(10)　効　果

請求原因充足の効果は，次のとおりである。

> 「よって，本件新株発行は無効である。」

2　出資の履行が仮装された場合の株式の効力等

(1)　総　説

出資の履行が仮装された場合，①**出資の履行が無効とされる判断基準**，②**出資の履行が無効とされた場合に株式は有効に成立するのか**，③**有効に成立するとした場合に別途新株発行の無効事由となるのか**争いがある。立法の変遷と関連して議論されたが，ここで整理する（以下**金銭出資の場合**を前提とする）。

(2)　出資の履行が無効とされる判断基準

形式的に払込の外形を整えても実質的に払込みがあったと言えない場合（以下このような払込みを「**仮装払込**」という），払込みは無効とされる。このような**無効とされる仮装払込であるか否かの判断基準**として，判例は，①手続完了後前記借入金を返済するまでの**期間**の長短，②右払戻金が**会社資金**として運用された事実の有無，③借入金の返済が会社の資金関係に及ぼす**影響**の有無等が示される（最判昭和38・12・6民集17巻12号1633頁〈百選7事件〉（設立の際に銀行からの借入金を払込金として払い込んだ後に会社からその払戻しを受けて借入金を返済した事案））。

特に②につき，仮装か否かは，**払込金が会社の資金として実在するかの実質的判断**となる。例えば，会社が融資を受けて引受人に対する債務を弁済し，この弁済金を引受人が払込金に充当した事案で，株式

引受人の会社に対する債権が真実に存在し，かつ，会社にこれを弁済する資力がある場合，仮装払込ではないとした事例がある（最判昭和42・12・14刑集21巻10号1369頁〈百選A44事件〉）。他方，払込金に相当する債権が会社に資産として形式的には存在するが，当該債権は巧妙なスキームの結果生じた名目的なものにすぎなかった事案で，仮装払込とした事案がある（最判平成3・2・28刑集45巻2号77頁〈百選101事件〉）。

(3)　払込が仮装ゆえ無効とされた場合の株式の効力

出資の履行がされるか否か不確定な状態が続くことを防止するため，払込期日又は払込期間内に払込金額の全額の払込みをしない場合，募集株式の引受人は法律上当然に募集株式の株主となる権利を失う（208条5項）（**当然失権の原則**）。出資の履行が仮装された場合も同様とすれば，**会社債権者の信頼**や**株式取引の安全**を害することとなる。

そのため，平成26年改正は，**出資の履行が仮装された場合**，引受人に払込みを仮装した払込金額の全額の支払義務を負わせるとともに（213条の2第1項），その支払をするまで株主の権利を行使できないこととした（209条2項）。これにより，出資の履行が仮装された場合，当然失効の原則（208条5項）は適用されず，当該引受人を株主として**新株発行の効力が生じる**，つまり**株式は有効**としつつ，既存株主を保護するため，引受人は支払義務を履行しなければ株主の権利を行使できないと理解される（田中514頁）。

(4)　株式が有効に成立するとして出資の仮装は新株発行無効事由とされないか

もっとも，**出資の履行が仮装された新株発行が訴えにより無効とされないか**は，別問題である。無効としなかった旧商法下の判例（最判平成9・1・28民集51巻1号71頁〈百選24事件〉）の考え方に倣い，この場合は新株発行無効の訴えの無効事由とならないとするのが多数説のようである（田中514頁，森本23頁他）。

　そうなれば，**引受人**及び**関与した取締役**に対する**責任追及**が重要となるところ（213条の2・213条の3），**第3編第4章第3節**で取り扱う。

3　有利発行

(1)　総　説

　株主割当以外で，払込金額が募集株式を引き受ける者に「**特に有利な金額**」（199条3項）である場合（以下そのような新株発行を「**有利発行**」という），公開会社でも株主総会特別決議による募集事項の決定を要する（201条1項・199条3項・2項・309条2項5号）。また，取締役は，株主総会において有利発行とすることを必要とする理由の説明を行わなければならない（199条3項）。その趣旨は**株主間の不当な価値の移転の防止**であるところ，株主総会特別決議を欠いたり，あるいは株主総会での説明を怠れば法令違反（210条1号）となり，差止事由となる。

　この点，「**特に有利な金額**」（199条3項）は，**公正な発行価格よりも特に低い価格**などとされる（「特ニ有利ナル発行価格」（旧商法280条ノ2第2項）に関する東京地判平成16・6・1判時1873号159頁〈百選20事件〉）。以下，その具体的内容等につき，発行株式につき市場価格がある上場会社の場合と，市場価格のない非公開会社の場合に分けて確認する。

(2)　上場会社の場合

　この点，①既存株主の利益と会社の資金調達実現の利益の調整のため，**発行価格決定直前の市場価格**の90％以上なら原則として「**特に有利な金額**」に該当しないが，②発行価格決定直前の市場価格が**投機目的等により急騰した一時的価格**なら，例外的に**時価を離れた公正と認められる価格**を用いるとの整理が有力である。日本証券業協会の「第三者割当増資の取扱いに関する指針」に沿った整理で，これが裁判所でも重視されるようである（江頭800頁参照）。②の場合の公正と認められる発行価格として，急騰前の時価，例えば**発行価格決定日から最長**

6か月を遡った日から決定直前日までの間の平均価格が用いられる。

　しかし，そもそも①又は②いずれの場合か（あるいはこれら以外の場合か）の判断が容易でない場合も少なくない（以上につき百選20事件の解説［田中亘］，司法試験平成19年度論文式問題参照）。

(3)　非上場会社の場合

　これに対し，市場価格がない非上場会社の株価算定については簿価純資産法，時価純資産法，配当還元法，収益還元法，DCF法，類似会社比準法等様々な評価手法があり，どの場合にどの評価手法を用いるべきかにつき明確な判断基準が確立されているわけではない。また，個々の評価手法においても，将来の収益やフリーキャッシュフローの予測値，還元率や割引率，類似会社の範囲等ある程度の幅のある判断要素が含まれる（譲渡制限株式の評価につき大阪地決平成25・1・31判時2185号142頁〈百選17事件〉及びその解説［久保田安彦］等参照）。

　このような非上場会社の株価算定に関する不確定状況，取締役らの予測可能性を害しないようにとの理由より，判例は，非上場会社の株主以外の者への新株発行に際し，公認会計士による株価算定等の客観的資料に基づく一応合理的な算定方法によって発行価額が決定された場合，その発行価額は特別の事情のない限り「特に有利な金額」に当たらないとする（「特ニ有利ナル発行価格」（旧商法280条ノ2第2項）に関する最判平成27・2・19民集69巻1号51頁［アートネイチャー事件］〈百選21事件〉（取締役の任務懈怠責任を追及する株主代表訴訟の事案））。

4　新株発行を承認する株主総会決議の取消しの訴えとの関係

(1)　総　説

　非公開会社において新株発行を承認する株主総会決議の瑕疵が新株発行の無効事由になり得ると，この場合の株主総会決議取消しの訴え

と**新株発行無効の訴えの関係**が問題となる（司法試験令和2年度論文式問題に関する採点実感（法務省WP）参照）。この点は，**組織再編契約を承認する株主総会決議の取消しの訴えと組織再編無効の訴えとの関係**に関する議論（**第4章3**参照）とパラレルに，株主総会決議の瑕疵は新株発行無効の訴えの無効事由の一つにすぎず，新株発行の効力発生により株主総会決議取消しの訴えは新株発行無効の訴えに吸収されるとの説が有力である（**吸収説**）。その帰結は，要旨以下のとおりである（髙橋他300頁［久保田安彦］参照）。

　(2)　提起すべき訴えの種類

　新株発行の効力発生前は，株主総会決議取消しの訴えを提起する。効力発生後は，新株発行無効の訴えを提起する。

　(3)　株主総会決議取消事由を新株発行の無効事由として主張する
　　　場合の提訴期間

　新株発行無効の訴えの提訴期間は，非公開会社では効力発生日から1年以内だが（828条1項2号），株主総会決議取消事由を新株発行無効の訴えの無効事由として主張する場合，株主総会の決議日から3か月以内（831条1項柱書）に訴えを提起することを要する。**法律関係の安定**を図るため，株主総会決議取消しの訴えの提訴期間は決議日から3か月以内に制限されており（831条1項），そのような趣旨を損なわないようにするためである。

　(4)　株主総会決議取消しの訴えを提起した後に新株発行の効力が
　　　生じた場合

　効力発生前に株主総会決議取消しの訴えを提起した後に新株発行の効力が生じた場合，株主総会決議取消しの訴えを新株発行無効の訴えに変更する必要がある（民訴143条）。

第3節　新株発行不存在確認の訴え（829条1号）

1　請求原因

(1)　要件事実（類型別Ⅱ590頁・967頁（訴状例），岡口146頁参照）

株主が原告となる場合を例に，要件事実を整理する。

> Kg1　原告適格基礎付事実
> 「原告は，被告会社の株主である。」
> Kg2　不存在確認の対象：新株発行の外観
> 「被告会社につき，令和〇年〇月〇日に新株発行が行われたとして，発行済株式総数につき変更登記がなされた。」
> Kg3　不存在事由
> 「……であるから，新株発行は存在しない。」

(2)　Kg1：原告適格

原告適格につき明文はなく，通常の確認の訴えと同様，**確認の利益**がある者に原告適格が認められる。新株発行無効の訴えの原告適格がある株主，取締役，監査役設置会社の監査役等が，新株発行不存在確認の訴えにおいても原告となり得る（類型別Ⅱ622頁）。

(3)　Kg3：不存在事由

新株発行の不存在事由につき，判例は**新株発行の実体がないのに新株発行の登記がされているなどその外観が存する場合**とし（最判平成15・3・27民集57巻3号312頁），新株発行が物理的に存在しない場合（以下**「物理的不存在」**という）を前提とするように解されている（近時の裁判例として名古屋地判平成28・9・30判時2329号77頁）。新株発行無効の訴えと違い提訴期間の制限（828条1項2号）がないため，取引安全及び法的安定性確保のため厳格に解すべきとの考えで，例として新株発行の手続や出資の払込みがされず登記だけがされている場合が挙げられる（江頭805頁他）。

　もっとも，手続の瑕疵が著しいことにより法的に存在しないと評価
される場合（以下「**法的不存在**」という）も含むとの説が有力である
（田中531頁，髙橋他325頁［久保田安彦］，LQ347頁［松井秀征］）。物理的不存
在に限れば妥当な解決が図れない場合があるからで，その一例を**2**で
扱う。

　(4)　効　果
　請求原因充足の効果は，次のとおりである。

> 「よって，本件新株発行は存在しない。」

2　非公開会社における支配権争いに際して行われる違法な新株発行

　支配権争いがなされている非公開会社で，支配権を変動させるため
違法な新株発行が行われたが，隠蔽工作により新株発行無効の訴えの
提訴期間が徒過してしまう事例がある。新株発行無効の訴えは提訴期
間経過により許されず，新株発行の不存在事由もないとすれば，「既成
事実を作り上げてしまえば勝ち」との不当な結果となる。

　このような結果を避けるため，まず，新株発行無効の訴えの提訴期
間の起算点を遅らせる方法がある。近時の裁判例でも，原告が新株発
行を知ってから1年以内に新株発行無効の訴えを提訴したが，効力発
生からは2年近く経過していた事案において，隠蔽工作があったこと
などから，信義則上所定の提訴期間を徒過して訴えを提起したとする
ことはできないとしたものがある（前出名古屋地判平成28・9・30）。

　他方，このような新株発行において，支配権変動目的と隠蔽工作が
あれば，前述した新株発行の法的不存在を柔軟に認める説も有力であ
る（コンメンタール19巻214頁以下［洲崎博史］参照）。

いずれの考え方も成り立ち得ると解され，事案により併用ないし使い分けられることとなろう。

第4章　組織再編無効の訴え（828条1項7号〜13号）

1　総　説

　会社は，他の事業者の事業の全部又は一部を取得する，他の事業者と対等の立場で経営を統合する，グループ経営に際して事業の構成を変更するなどして事業領域の拡大と適正化を図る。実務でM&Aと呼ばれるが，具体的には株式譲渡，第三者割当増資，合併，会社分割，株式交換，株式移転，事業譲渡等が用いられる。また，第1段階で対象会社の議決権の一定割合の支配権を得た後，第2段階で対価を払って対象会社の少数株主を退出させて完全子会社化することがあり（以下「キャッシュアウト」という），その手段として会社法は株式併合や特別支配株主の株式等売渡請求等を準備している。本書では，これらのうち，**組織再編**の語を，**会社の組織に関する訴え**の対象となる**合併，会社分割，株式交換，株式移転**及び**株式交付**を指して用いることとする（828条1項7号〜13号）。

　このような組織再編は，手続に瑕疵があっても，効力が発生すればとりあえず有効なものとし，無効とするには提訴期間内に原告適格を有する者のみが提起し得る**形成訴訟**（828条1項7号〜13号）（以下「**組織再編無効の訴え**」という）によらなければならない。無効とする判決が確定した場合，**法律関係の画一的確定**のため対世効が生じるが（838条），**取引安全**のため遡及効は否定される（839条）。

　【設例1－1】に即して**吸収合併の場合**を取り扱うが，その要件事実
は新設合併，吸収分割，新設分割，株式交換，株式移転及び株式交付
においても概ねパラレルな内容となる（株式交換の場合につき類型別Ⅱ732
頁・977頁（訴状例），株式移転の場合につき同743頁・979頁（訴状例），吸収分割・
新設分割の場合につき同753頁・981頁（訴状例）参照）。

【設例1－1】
　A社を**吸収合併消滅株式会社**，B社を**吸収合併存続株式会社**とする**吸
収合併**において，A社の株主αがA社に対して**合併無効の訴え**を提起し
た。

2　請求原因

（1）　要件事実（類型別Ⅱ696頁・973頁（訴状例））

Kg1　原告適格基礎付事実
「原告αは，被告A社の株主である。」
Kg2　無効とする対象：組織再編
「被告A社を吸収合併消滅株式会社，B社を吸収合併存続株式会社とす
る吸収合併が行われ，令和〇年〇月〇日にその効力が発生した。」
Kg3　無効事由
「……であるから，本件合併には無効事由がある。」

（2）　Kg1：原告適格

　吸収合併の場合，原告適格を有する者は，①**効力が生じた日**におけ
る**吸収合併をする会社**の**株主等**又は社員等であった者，②**吸収合併後
存続する会社**の**株主等**又は社員等，③吸収合併後存続する会社の破産
管財人，④吸収合併後存続する会社の吸収合併について承認しなかっ
た債権者である（828条2項7号）。①の「**吸収合併をする会社**」は**吸収合
併消滅会社**及び**吸収合併存続会社**の両方を含み（コンメンタール19巻163
頁［舩津浩司］），「**株主等**」(828条2項7号)は株主，取締役，監査役設置会

社の監査役等である（828条2項1号）。また，④には，吸収合併消滅会社
の債権者であった者が，包括承継によりこれに含まれることとなる（コ
ンメンタール19巻166頁［舩津浩司]）。

　なお，吸収合併の効力発生前に吸収合併消滅会社の株主等であった
提訴権者は，その者の所属していた吸収合併消滅会社に係る無効事由
のみ主張でき，吸収合併存続会社に係る無効事由を主張できない（江
頭926頁）。

（3）　Kg2：無効主張の対象の特定

　無効とする対象の組織再編の特定，効力発生日から6か月以内との
提訴期間（828条1項7号）の起算日の明示のため，**効力発生日**を記載する。

　なお，**新設型組織再編**では，新しい会社が設立されるため，設立の
登記（922条・924条・925条）がなされ，新会社が成立した日に効力が生じ
るので（754条・764条1項・8項〜11項・774条），**登記日**を記載する。

（4）　Kg3：無効事由

　無効事由は，**組織再編手続の瑕疵のうち重大なもの**（田中699頁），軽
微ではない手続上の瑕疵（髙橋他523頁［笠原武朗]）などとされる。例と
して，合併契約の必要的記載事項（749条）の記載を欠く，合併契約の承
認を欠く（783条1項），合併契約の錯誤取消し（民95条，名古屋地判平成19・
11・21金判1294号60頁〈百選［第3版］92事件〉（51条2項類推適用を否定)），合併
契約の内容の違法や不実記載（782条），簡易手続の要件を満たさない
（784条2項），略式手続の要件を満たさない（784条1項），株式買取請求手
続の不履行（785条），債権者異議手続の不履行（789条），合併差止仮処分
命令の違反，独占禁止法所定の手続の違反，合併の認可を要する場合
に認可がない，開示の不備等が考えられる。

　合併契約を承認する株主総会の手続の瑕疵も，株主総会決議の取消
事由となり得るのみならず，組織再編無効の訴えの無効事由となり得

る。この場合の**株主総会決議取消しの訴えと組織再編無効の訴えの関係**につき3で取り扱う。

(5)　Kg3：組織再編対価の著しい不当

他方，784条の2第2号が定める組織再編の対価の著しい不当（以下「**組織再編対価の著しい不当**」という）は無効事由とならないとされ，この場合の反対株主の救済は**株式買取請求**（785条・797条）によることとなる。

もっとも，組織再編を承認する株主総会特別決議が特別利害関係人の議決権行使による著しく不当な決議（831条1項3号）として取り消され，もって承認決議を欠く組織再編無効事由となる場合があり得る（田中701頁，髙橋他524頁［笠原武朗］）。株主総会決議を経ない**略式組織再編**の場合，このような法律構成によることはできず（よって差止が認められる（784条の2第2号）），無効事由とする説もある（髙橋他525頁［笠原武朗］参照）。

(6)　効　果

請求原因充足の効果は，次のとおりである。

「よって，本件合併は無効である。」

3　組織再編契約を承認する株主総会決議の取消しの訴えとの関係

(1)　総　説

多数説は，**組織再編契約を承認する株主総会決議の瑕疵**を，組織再編無効の訴えの中で直接に無効事由として主張できるとする。この場合の株主総会決議取消しの訴えと組織再編無効の訴えの関係については，株主総会決議の瑕疵は**組織再編無効の訴えの無効事由の一つ**にすぎず，組織再編の効力発生により株主総会決議取消しの訴えは組織再

編無効の訴えに吸収されるとする（**吸収説**）。その帰結は，要旨以下のとおりである（田中701頁，髙橋他524頁［笠原武朗］）。

(2)　提起すべき訴えの種類

組織再編の効力発生前は，株主総会決議取消しの訴えを提起する。効力発生後は，組織再編無効の訴えを提起する。

(3)　株主総会決議取消事由を組織再編の無効事由として主張する場合の提訴期間

組織再編無効の訴えの提訴期間は効力発生日から6か月以内だが（828条1項7号〜13号），株主総会決議取消事由を組織再編無効の訴えの無効事由として主張する場合，株主総会の決議日から3か月以内（831条1項）に訴えを提起することを要する。**法律関係の安定**を図るため，株主総会決議取消しの訴えの提訴期間は決議日から3か月以内に制限されており（831条1項），そのような趣旨を損なわないようにするためである。

(4)　株主総会決議取消しの訴えを提起した後に組織再編の効力が生じた場合

株主総会決議取消しの訴えを提起した後に組織再編の効力が生じた場合，原告は組織再編無効の訴えに変更することを要する（民訴143条）。

第5章　事業の譲渡及び譲受け

第1節　総　説

1　手　続

M&Aは，**事業譲渡**により行われる場合があり，譲渡会社で**重要な財産の処分**，譲受会社で**重要な財産の譲受け**に該当すればそれぞれ取

締役会決議による承認を要する（362条4項1号）。さらに，譲渡会社が**事業の全部の譲渡**をする場合は合併に，**事業の重要な一部の譲渡**をする場合は会社分割と経済的に変わらないため，契約当事者の双方又は一方で株主総会の特別決議が必要となる場合がある（467条1項1号・2号・3号・309条2項11号）。

　もっとも，合併や会社分割の場合と異なり，差止請求権（784条の2，796条の2）や会社の組織に関する訴え（828条1項7号～10号）に関する規定は準備されていない。手続に瑕疵がある場合，原則として民法の考え方で対応することとなる。

　司法試験で出題されたこともあるため（平成18年度他），ここで取り扱う。【設例1−2】により，**株主総会特別決議の要否，反対株主の株式買取請求の可否，手続違反の場合の効力**等につき整理する。

【設例1−2】

　A社は，創業以来**スポーツ施設運営事業**を営む取締役会設置会社であるが，後に**ホテル事業**も営むに至った。A社の**スポーツ施設運営事業**に係る**売上高**及び**総資産額**は，それぞれA社の売上高及び資産の帳簿価額の**約40%**を占める。**B社**は，**ショッピングセンター運営事業**及び**スポーツ施設運営事業**を主たる事業目的とする取締役会設置会社である。

　A社は，**スポーツ施設運営事業をB社に譲渡**することとし，両社は以下の内容を含む**事業譲渡契約**を締結した。

① 　A社は，スポーツ施設運営事業に関わるA社の**資産，負債，営業ノウハウ，顧客，仕入先及び取引先**をB社に譲渡する

② 　B社は，A社が営んでいた**事業活動を承継**する

③ 　将来A社の業績が回復すれば，A社はスポーツ施設運営事業を**再開**することは妨げられない

　A社の**株主α**，B社の**株主β**は，本件事業譲渡に反対している。

2　株主総会特別決議の要否等

467条（事業譲渡等の承認等）

1　株式会社は，／次に掲げる行為をする場合には，／当該行為がその効力を生ずる日（以下この章において「効力発生日」という。）の前日までに，／株主総会の決議によって，／当該行為に係る契約の承認を受けなければならない。

一　事業の／全部の／譲渡

二　事業の／重要な一部の／譲渡（当該譲渡により譲り渡す資産の帳簿価額が当該株式会社の総資産額として法務省令［会社則134条］で定める方法により算定される額の5分の1（これを下回る割合を定款で定めた場合にあっては，その割合）を超えないものを除く。）

（二号の二省略）

三　他の会社（外国会社その他の法人を含む。次条において同じ。）の事業の／全部の／譲受け

（四号・五号省略）

（2項省略）

　467条1項は，**株主の利益**に**重大な影響**を及ぼす一定の取引を列挙し，当該行為に係る契約の株主総会特別決議（309条2項11号）による承認を求める。事業の全部又は重要な一部の譲渡，他の会社の事業の全部の譲受けはその例だが，これらに該当する場合，一定の要件を満たせば株主総会特別決議を要しない**簡易手続**（467条1項2号括弧書・468条2項）や**略式手続**（468条1項）が準備されている。さらに，**株式買取請求権**も準備されているが（469条），どのような場合に株主総会特別決議が必要か，どのような場合に株式買取請求が可能かを理解するには，条文を注意深く読む必要がある。

第2節　事業の譲渡（467条1項1号・2号）

1　総　説

【事業譲渡と株主総会決議の要否等】

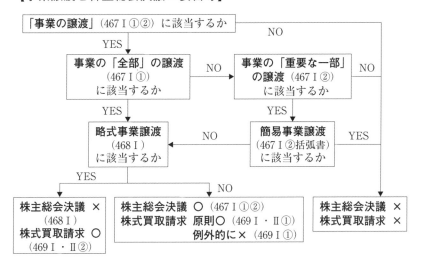

　株主総会特別決議の要否，これと関連する**株式買取請求の可否**を検討する順序は，条文の建付けからは**フロー図**（「〇」は，**株主総会決議**の要否では**必要**，**株式買取請求権**では**認められる**の意味）のとおりとなろう。

　まず，①**「事業の譲渡」**に該当するか，該当するとして②事業の**「全部」の譲渡**（467条1項1号）に該当するかを検討する。該当しない場合，次に③事業の**「重要な一部」の譲渡**（同項2号）に該当するかを検討するが，該当するなら④譲渡資産の帳簿価額が譲渡会社の総資産の5分の1（定款でこれを下回る割合を定めることが可能）を超えない**簡易事業譲渡**（同号柱書括弧書）として「事業の重要な一部の譲渡」から除かれるかを検討する。除かれない場合，**「467条1項1号2号に掲げる行為」**（468

条1項）となるため，⑤**略式事業譲渡**（468条1項）に該当するかを検討する。

以下，順に敷衍する。

2　「事業の譲渡」（467条1項1号・2号）

（1）判例

会社法は，旧商法の「営業」を「事業」に変更したが，用語を整理しただけで「営業」と「事業」の内容は同じである（立案担当139頁）。よって，旧商法下の「営業ノ譲渡」の意義に関する最判昭和40・9・22民集19巻6号1600頁〈百選82事件〉が示した規範は，「事業の譲渡」（467条1項1号・2号）についても妥当する。

判例の規範を会社法に引き直せば，事業の譲渡は，

① **一定の事業目的のため組織化され，有機的一体として機能する財産（得意先関係等の経済的価値のある事実関係を含む）の譲渡**

② **事業活動の承継**

③ 譲渡会社が会社法21条所定の競業避止義務を負うこと

の3要件を充足する契約とされよう（3要件説）。株主総会特別決議を要する範囲を明確にするため，会社法21条以下所定の「事業の譲渡」と同義とする趣旨である。

（2）有力説による判例の理解

もっとも，判例の理解につき，有力説は，競業避止義務を負うこと（③）は，特約により意図的に回避できるため要件とすべきではなく，事業譲渡の効果にすぎないとする（**2要件説**）（江頭憲治郎・山下友信編「商法判例百選」15事件の解説［藤田友敬］（有斐閣，令和元年），田中707頁他）。以下では2要件説による。

（3）【設例1−2】の場合

【設例1−2】の場合，①Ａ社はスポーツ施設運営事業に関わるノウ

ハウ，顧客等の経済的価値のある事実関係も譲渡するので，一定の事業目的のため組織化され有機的一体として機能する財産を譲渡している。また，②B社はA社が営んでいた事業活動を承継している。よって，2要件説によれば「事業の譲渡」に該当する。

3　事業の「重要な一部」の譲渡 (467条1項2号)：実質的重要性基準

(1)　総　説

【設例1－2】のA社が，仮にホテル事業及びスポーツ施設運営事業の双方を譲渡すれば，事業の「全部」の譲渡 (467条1項1号) に該当する。それ以外の場合，例えば【設例1－2】のようにスポーツ施設運営事業のみを譲渡した場合に，事業の「重要な一部」の譲渡 (同項2号) に該当すれば，原則としてA社で株主総会特別決議による承認を要する。

重要性は，株主総会特別決議を要求するに値するほどの**株主の利益への影響**があるか否かの観点より，**量**及び**質**の双方の側面から個別具体的に判断される**実質的基準**である（以下この基準を「**実質的重要性基準**」という）。

(2)　量的基準

量的基準は，後述する形式的軽微性基準が譲渡資産の帳簿価額を判断要素とするため，その他の**売上高，利益，従業員数等**を判断要素とする実質的基準となる。これらの諸要素が総合的に見て事業全体の**10%程度**を超えなければ，通常は重要と解されないとの解説がある（コンメンタール12巻31頁［齊藤真紀]，江頭1011頁）。

【設例1－2】のA社の場合，スポーツ施設運営事業に係る売上高はA社の売上高の約40%を占めるため，量的に重要と認められる。

(3)　質的基準

譲渡対象が量的に小さくても，沿革から会社の信用に大きな影響がある場合等に，質的基準が問題となり得る。【設例1－2】のA社の場合，

創業以来営むスポーツ施設運営事業を失えば信用が損なわれるような
事情があれば，質的にも重要と認められよう。

4　簡易事業譲渡（467条1項2号括弧書）：形式的軽微性基準

（1）　形式的軽微性基準

　実質的重要性基準は，前述のとおり判断が容易ではない。そのため，
取引の迅速性及び**取引安全**への配慮より，実質的基準で「重要な」一
部に該当しても，譲渡資産の帳簿価額が譲渡会社の総資産額の20％（定
款でこれを下回る割合を定めることが可能）を超えない場合（このよ
うな事業譲渡を以下**「簡易事業譲渡」**という）を「事業の重要な一部
の譲渡」から除外し（467条1項2号柱書括弧書），株主総会特別決議を不要
とする（以下この基準を**「形式的軽微性基準」**という）。組織再編の消
滅株式会社等における簡易手続（784条2項）と同趣旨である。

　【設例1－2】の場合，スポーツ施設運営事業に係る資産の帳簿価額
がA社の総資産額の20％を超える約40％を占めるため，簡易事業譲渡
に該当しない。

（2）　実質的重要性基準と形式的軽微性基準の判断順序

　「事業の重要な一部の譲渡」から括弧書で（……を除く。）とする467
条1項2号の書振りからは，まず「事業の重要な一部の譲渡」（467条1項2
号）に該当するかを実質的重要性基準により検討し，該当する場合は
次に括弧書で除外される簡易事業譲渡であるかを形式的軽微性基準に
より検討する順序となる。前記**フロー図**はそのようにしているが，ま
ず判断が容易な形式的軽微性基準による簡易事業譲渡（同号括弧書）に
該当するか判断し，該当しない場合に実質的重要性基準を備えるかを
判断することも可とされようし，その方が実務的である（コンメンター
ル12巻33頁［齊藤真紀］）。

　検討順序が違うだけで，結果は同じである。

5　略式事業譲渡（468条1項）

468条（事業譲渡等の承認を要しない場合）

1　**前条**［事業譲渡等の承認等］**の規定は，**／**同条第1項第1号から第4号まで**
でに掲げる行為［事業の全部又は重要な一部の譲渡，重要な子会社の株式の全
部又は重要な一部の譲渡，事業全部の譲受け，事業賃貸等］（以下この章におい
て「事業譲渡等」という。）**に係る契約の相手方が**／**当該事業譲渡等を**
する株式会社の特別支配会社（ある株式会社の総株主の議決権の／10
分の9（これを上回る割合を当該株式会社の定款で定めた場合にあっ
ては，その割合）以上を／他の会社及び当該他の会社が発行済株式の
全部を有する株式会社その他これに準ずるものとして法務省令［会社
則136条］で定める法人が有している場合における／当該他の会社をい
う。以下同じ。）**である場合には，**／**適用しない。**

（2項以下省略）

【**設例1−2**】で，B社が自ら又はその完全子会社等とともにA社の
議決権の90％（A社の定款でこれを上回る割合を定めることが可能）
以上を有する**特別支配会社**である場合，A社ではB社の議決権行使に
より事業譲渡契約が承認されることが自明ゆえ，株主総会特別決議は
不要となる（468条1項）（このようにして特別支配会社に支配されてい
る会社を以下「**被支配会社**」という）。株主総会が開催されないことと
引換えに，特別支配会社を除く譲渡会社の「全ての株主」（469条1項・2
項2号）（事業譲渡に反対する株主に限られない）に株式買取請求権が
与えられる（**7**(5)参照）。

6　譲渡会社の株主の救済手段

(1)　総　説

事業譲渡では，組織再編無効の訴え（828条1項7号〜12号）に相当する
制度は用意されておらず，民法の一般原則に従い処理される。そのた
め，**手続に瑕疵がある事業譲渡の効力を否定する場合，事業譲渡契約**

の当事者が契約の**無効**を主張して**原状回復**を図ることとなる（民121条の2第1項）。

　ちなみに，**株主総会特別決議を欠く事業譲渡**につき，判例は，株主の利益を保護するため無効で，誰でも無効を主張できるとする（最判昭和61・9・11判時1215号125頁〈百選5事件〉（財産引受として営業譲渡が行われた事案））。もっとも，当該事案では，経営が傾いた譲受会社が事業譲渡代金の支払を免れるため長期間経過後に無効を主張しており，このような無効の主張は信義則に反し許されないとされた。

　また，**取締会決議による承認が必要であるのにこれを欠く簡易事業譲渡や略式事業譲渡**の場合，**取締役会決議による承認を欠く重要な財産の処分**（362条4項1号）の効力の問題となる。よって，このような事業譲渡も内部的意思決定を欠くにとどまり，取引安全の見地より原則として有効だが，相手方が決議を経ていないことを知り又は知ることができた場合は無効とされる（民93条1項類推適用。最判昭和40・9・22民集19巻6号1656頁〈百選61事件〉）。

　(2)　事業譲渡に反対する株主の救済手段

　事業譲渡に反対する譲渡会社A社の株主αは，組織再編無効の訴え（828条1項7号～12号）に相当する制度がなく，その株主の**救済手段**としては以下のものが考えられる。

① 　**事前の差止**

　まず，事業譲渡を事前に差し止めることが考えられる（360条）。**第2編第2章第2節**で取り扱う。

② 　**取締役に対する損害賠償請求**

　次に，取締役に任務懈怠があれば，取締役の会社に対する任務懈怠責任（423条1項）の株主代表訴訟（847条1項・3項）による追及，あるいは保有株式の価値の毀損による直接損害の取締役に対する賠償請求（429条1項）が考えられる。**第3編第2章，第4編第1章**で取り扱う。

③　反対株主の株式買取請求

　さらに，反対株主として保有株式の公正な価格での買取りを譲渡会社に請求し（469条），譲渡会社から去ることが考えられる。**7**で取り扱う。

7　株式買取請求（469条）

469条（反対株主の株式買取請求）
1　事業譲渡等をする場合（次に掲げる場合を除く。）には，／反対株主は，／事業譲渡等をする株式会社に対し，／自己の有する株式を公正な価格で買い取ることを請求することができる。
　一　第467条第1項第1号に掲げる行為［事業の全部の譲渡］をする場合において，／同項の株主総会の決議と同時に第471条第3号の株主総会の決議［解散決議］がされたとき。
　二　前条第2項［簡易事業全部譲受け］に規定する場合（同条第3項に規定する場合を除く。）
2　前項に規定する「反対株主」とは，／次の各号に掲げる場合における当該各号に定める株主をいう。
　一　事業譲渡等をするために株主総会（種類株主総会を含む。）の決議を要する場合　次に掲げる株主
　　イ　当該株主総会に先立って当該事業譲渡等に反対する旨を当該株式会社に対し通知し，かつ，当該株主総会において当該事業譲渡等に反対した株主（当該株主総会において議決権を行使することができるものに限る。）
　　ロ　当該株主総会において議決権を行使することができない株主
　二　前号に規定する場合以外の場合　全ての株主（前条第1項に規定する場合における当該特別支配会社を除く。）
（3〜4項省略）
5　第1項の規定による請求（以下この章において「株式買取請求」という。）は，効力発生日の20日前の日から効力発生日の前日までの間に，その株式買取請求に係る株式の数（種類株式発行会社にあっては，株式の種類及び種類ごとの数）を明らかにしてしなければならない。
（6項以下省略）

(1)　総　説

　会社法は，事業譲渡等，組織再編及びキャッシュアウトにおいて，横断的に反対株主の株式買取請求の規定を置く（116条・182条の4・469条・785条・797条・806条・816条の6他）。その趣旨につき，吸収分割の事案で判例は，「吸収合併等という**会社組織の基礎に本質的変更をもたらす行為**を株主総会の多数決により可能とする反面，それに反対する株主に**会社からの退出の機会**を与えるとともに，退出を選択した株主には，**吸収合併等がされなかったとした場合と経済的に同等の状況を確保**し，さらに，吸収合併等により**シナジーその他の企業価値の増加が生ずる場合には，上記株主に対してもこれを適切に分配し得るものとする**ことにより，上記**株主の利益**を一定の範囲で保障することにある」とする（最決平成23・4・19民集65巻3号1311頁［楽天対TBS事件］〈百選84事件〉）。

　以下，【設例1－2】をアレンジした【設例1－3】により要件事実を整理する。

【設例1－3】
　【設例1－2】において，それぞれ(1)～(3)の事実が認められ（(1)～(3)はそれぞれ独立した別の事案），かつ，令和4年3月20日，A社の株主αは，保有する株式の数を明らかにしてその買取をA社に請求した。
(1)　A社は，令和4年2月25日開催の株主総会において，同年4月1日を効力発生日とする事業譲渡契約を承認する議案（以下「本件議案」）を可決した。A社の株主αは，上記株主総会に先立ち本件議案に反対する旨をA社に通知し，かつ，上記株主総会において本件議案に反対した。
(2)　A社がB社に譲渡した資産の帳簿価額がA社の総資産額の20％を超えないため，A社で株主総会決議を経ずに事業譲渡が簡易手続により効力を生じた。
(3)　B社がA社の特別支配会社であったため，A社で株主総会決議を経ずに事業譲渡が略式手続により効力を生じた。

(2)　請求原因

Kg1　事業譲渡等

「被告A社及びB社の間で，被告A社を事業譲渡会社，B社を事業譲受会社，効力発生日を令和4年4月1日とする事業譲渡契約（以下「本件契約」）が締結され，同日その効力が発生した。」

Kg2　反対株主（（1）又は（2））

(1)　株主総会決議を要する場合　（①又は②）

①　議決権を行使できる株主の場合：【設例1−3】(1)の場合

⑦　株主総会決議

「令和4年2月25日開催の被告A社の株主総会において，本件契約を承認する本件議案につき特別決議が成立した。」

④　事前の反対通知及び反対の議決権行使

「被告A社の株主である原告αは，上記株主総会に先立ち本件議案に反対する旨をA社に通知し，かつ，上記株主総会において本件議案に反対した。」

②　議決権を行使できない株主の場合

⑦　株主総会決議

（①⑦と同じ）

④　議決権を行使できない株主

「被告A社の株主である原告αは，上記株主総会において議決権を行使することができない株主であった。」

(2)　株主総会決議を要しない場合：【設例1−3】(3)の場合

「B社がA社の特別支配会社であったため，A社で株主総会決議を経ずに本件事業譲渡が効力を生じた。」

Kg3　買取請求

「原告αは，令和4年3月20日，その保有する株式の数を明らかにして，A社にその買取りを請求した。」

---

(3)　Kg1：事業譲渡等

「事業の重要な一部の譲渡」（467条1項2号）から簡易事業譲渡が除かれるため（同号括弧書），簡易事業譲渡は「事業譲渡等」（468条1項・469条

1項) に該当しない。よって,【設例1-3】(2)の場合のαは,保有株式の買取りをA社に請求できない。

(4) Kg2(1)②イ：議決権を行使することができない株主

「当該株主総会において議決権を行使することができない株主」(469条2項1号ロ) に,相互保有株式,単元未満株式,議決権制限株式の株主等が該当する。

基準日までに名義書換をしていない株主については,該当するとするのが多数説である。条文上基準日後取得株主が排除されていないこと,株式買取請求権が議決権と切り離された権利であること,基準日時点では株主総会の議題・議案が明らかでないことなどが理由とされる(東京地判平成25・7・31資料商事358号148頁〈百選[第3版] A34事件〉(但し全部所得条項付種類株式の取得の際の価格決定申立て(172条1項2号)の事案)及びその解説[山下徹哉]参照。司法試験平成29年度論文式問題参照)。

(5) Kg2(2)：略式事業譲渡の場合の「反対株主」

略式事業譲渡ゆえ株主総会決議を要しない場合,特別支配会社B社を除く譲渡会社A社の「全ての株主」に株式買取請求権が与えられる(469条1項・2項2号)。特別支配株主以外なら,反対していなくても「反対株主」に含まれる(定款変更の場合の116条2項2号につき江頭874頁)。

(6) 効 果

請求原因充足の効果は,次のとおりである。

> 「よって,原告αは被告A社に対し,その有する被告A社の株式を公正な価格で買い取ることを請求することができる。」

(7) 「公正な価格」の判断基準時

判例は,「公正な価格」(785条1項)の判断基準時につき,民法的な理解を重視し,売買契約が成立したのと同様の法律関係が生じる時点であり,かつ,株主が会社から退出する意思を明示した時点である**株式**

買取請求がされた日とする（前出最決平成23・4・19［楽天対TBS事件］〈百選84事件〉）。

　(8)　「公正な価格」

　次に，**「公正な価格」**(785条1項)は，組織再編により**企業価値の増加が生じない場合**，増加した企業価値の適切な分配を考慮する余地はないから，原則として**吸収合併契約等を承認する旨の株主総会の決議がされることがなければその株式が有したであろう価格**（実務で「**ナカリセバ価格**」と呼ばれる）であるとした（前出最決平成23・4・19［楽天対TBS事件］〈百選84事件〉）。

　他方，**企業価値が増加する場合**，増加した企業価値の適切な分配を考慮する必要がある。この点，判例は，相互に特別の資本関係がない**独立当事者間**において，株主の判断の基礎となる情報が適切に開示された上で適法に株主総会で承認されるなど**一般に公正と認められる手続**により組織再編の効力が発生した場合，それぞれの会社において忠実義務を負う取締役が当該会社及びその株主の利益にかなう組織再編比率とすることが期待できることを理由に，当該株主総会における株主の合理的な判断が妨げられたと認めるに足りる**特段の事情**がない限り，**当該株主総会で承認された組織再編比率は公正**なものとみるのが相当とする（最決平成24・2・29民集66巻3号1784頁［テクモ事件］〈百選85事件〉。特段の事情につき百選85事件の解説［白井正和］参照）。

第3節　事業の譲受け（467条1項3号）

1　総　説

　譲渡会社が事業の全部を譲渡する場合，譲受会社で「他の会社の事業の全部の譲受け」(467条1項3号)（以下**「事業全部譲受け」**という）に

該当し，原則として株主総会特別決議による事業譲渡契約の承認を要する（309条2項11号）。

　467条1項3号が譲渡会社の「事業の全部の譲受け」としているため，【設例1−2】のようにA社の事業の重要な一部のみをB社が譲り受ける場合，B社側では株主総会特別決議による承認は不要である。さらに，**簡易事業全部譲受け（468条2項）に該当し2週間以内の所定数の反対通知（468条3項，会社則138条）がない場合，略式事業全部譲受け（468条1項）の場合も**，株主総会特別決議による承認は不要となる。

【事業譲受けと株主総会決議の要否等】

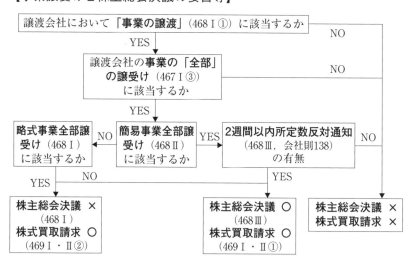

　このような条文の建付け，事業譲渡の場合との平仄等から，株主総会特別決議の要否は**フロー図**（「○」は，**株主総会決議**の要否では**必要**，**株式買取請求権**では**認められる**の意味）のとおり判断されよう。

　まず，①譲渡会社において「**事業の譲渡**」に該当するかを検討し，該当すれば譲受会社で「事業の譲受け」となり，次に②事業の「**全部**」の譲受け（467条1項3号）に該当するかを検討する。これに該当する場合，「**前条（467条）第1項第3号に掲げる行為**」（468条1項・2項）となるた

め，③簡易事業全部譲受け（同条2項）又は④略式事業全部譲受け（同条
1項）の要件を充足するか検討することとなろう。

2　他の会社の事業の「全部の」譲受け

【設例1−4】
　【設例1−2】において，A社はスポーツ施設運営事業及びホテル事業
の両方即ちA社の事業の全部をB社に譲渡した。

　【設例1−4】のように，B社がA社の事業の全部を譲り受ける事業
全部譲受け（467条1項3号）の場合，譲り受けるB社は経済的に吸収合併
存続会社と変わらないため，B社で当該契約につき原則として株主総
会特別決議による承認を要する（309条2項11号）。

3　簡易事業全部譲受け（468条2項）

468条（事業譲渡等の承認を要しない場合）
（1項省略）
2　前条［事業譲渡等の承認等］の規定は，／同条第1項第3号に掲げる行為
　　［事業全部譲受け］をする場合において，／第1号に掲げる額の／第2号
　　に掲げる額に対する割合が／5分の1（これを下回る割合を定款で定め
　　た場合にあっては，その割合）を超えないときは，／適用しない。
　一　当該他の会社の事業の全部の対価として交付する財産の／帳簿価
　　　額の合計額
　二　当該株式会社の純資産額として法務省令［会社則137条］で定める方
　　　法により算定される額
（3項省略）

　他の会社A社の事業の全部の譲受けの場合でも，譲受会社B社が譲
受対価として交付する財産の帳簿価額がB社の純資産額の20％（定款
でこれを下回る割合を定めることが可能）を超えない場合（このよう

な事業全部譲受けを以下「**簡易事業全部譲受け**」という），譲受会社Ｂ
社の**株主に与える影響**が小さいため，Ｂ社で株主総会特別決議は不要
となる（468条2項）。もっとも，469条3項・4項所定の通知又は公告の日
から2週間以内に承認議案が否決される可能性がある程度（6分の1超
等）の反対がある場合，株主総会を開催しなくてはならない（同条3項，
会社則138条）。

4　略式事業全部譲受け（468条1項）

　A社が事業の全部をＢ社に譲渡した【**設例1－4**】で，A社がＢ社の
特別支配会社であれば，このような事業全部譲受け（以下「**略式事業
全部譲受け**」という）に係る契約は被支配会社Ｂ社の株主総会で承認
されることが自明である。よって，被支配会社Ｂ社で株主総会特別決
議は不要となる（468条1項）。

5　譲受会社の株主の救済手段

　事業全部譲受けに反対する譲受会社Ｂ社の**株主β**は，組織再編無効
の訴え（828条1項7号〜12号）に相当する制度がないため，契約の無効を
主張して原状回復（民121条の2）を図ることはできない。その**救済手段**
としては，事業譲渡の場合と同様，**事前の差止**（360条。**第２編第２章第２
節参照**），**取締役に対する損害賠償請求**（423条1項・429条1項。**第３編第２
章，第４編第１章参照**）及び**反対株主の株式買取請求**（469条。**本章第２節7
参照**）が考えられる。

第2編　差止請求権

第1章　総　説

1　種　類

(1)　差止請求権が規定される場合

　会社法は，差止請求権を，①**取締役の行為**（360条［株主］・385条［監査役］・399条の6［監査等委員］・407条［監査委員］），②**全部取得条項付種類株式の取得**（171条の3），③**売渡株式等の取得**（179条の7），④**株式の併合**（182条の3），⑤**募集株式の発行等**（210条），⑥**募集新株予約権の発行**（247条），⑦**吸収合併等**（784条の2・796条の2），⑧**新設合併等**（805条の2）及び⑨**株式交付**（816条の5）の場合に設けている。これらのうち，①と②〜⑨は性質が異なり，この点は要件事実の違いにも表れる。

(2)　監査機関による差止請求権

　例えば，①のうち**監査役による取締役の行為の差止請求権**（385条）は，取締役の職務執行の監査（381条1項）を職責とする機関（以下「**監査機関**」という）である監査役が，会社の機関として会社のために行使するもので，その要件事実は次のとおりである。

Kg1	原告適格基礎付事実：監査機関
Kg2	対象：取締役の行為
Kg3	差止事由：法令定款違反
Kg4	必要性：会社に著しい損害が生じるおそれの予防

　まず，**対象（Kg2）**は，**取締役の行為**全般と広い。次に，**差止事由（Kg3）**となる**法令定款違反**につき，385条が取締役を名宛人とする規定であることから，「法令」（385条）には取締役を名宛人とする善管注意義務（330条，民644条）や忠実義務（355条）に係る規定も含まれる。**被**

告となるのは，会社ではなく**取締役**である。最後に，**会社に著しい損害が生じるおそれを予防する必要性（Kg4）**があるから，差止が認められる。

　以上は，その他の監査機関である**監査等委員**や**監査委員**による取締役の行為の差止請求権（399条の6・407条）でも同じである（これら監査機関による差止請求権を以下「**機関型の差止請求権**」という）。

（3）　株主の権利としての差止請求権

　他方，例えば⑤**募集株式の発行等の差止請求権（210条）**は，株主の利益を違法又は不公正な募集株式の発行等から守る**株主の権利**であり，その要件事実は次のとおりである（下線は機関型の差止請求権と異なる部分）。

Kg1	原告適格基礎付事実：株主
Kg2	対象：会社による募集株式の発行等
Kg3	差止事由：法令定款違反＋不公正発行
Kg4	必要性：株主が不利益を受けるおそれの予防

　まず，**対象（Kg2）**は，取締役の行為全般ではなく，**会社による募集株式の発行等**に限られる。次に，**差止事由（Kg3）**となる**法令違反**につき，210条が取締役ではなく会社を名宛人とする規定であることから，「法令」（210条1号）には取締役を名宛人とする善管注意義務（330条，民644条）や忠実義務（355条）に係る規定は含まれない。代わりに，**不公正発行**が差止事由に加わる（210条2号）。**被告**とされるのは，取締役ではなく**会社**である。最後に，**必要性（Kg4）**の中身は，会社の著しい損害ではなく，**株主が不利益を受けるおそれを予防する**ためとなる。

　このような株主の権利である差止請求権（以下「**権利型の差止請求権**」という）は，会社法制定時は⑤と⑥の場合だけに認められていたが，M&Aの重要性が増したため，平成26年改正以降②～④及び⑦～

⑨が順次新設された。

(4)　株主による取締役の行為の差止請求権（360条）

これに対し，同じく株主が請求権者となる差止請求権でも，**株主による取締役の行為の差止請求権（360条）は，機関型の差止請求権**である。

すなわち，取締役が違法行為をするおそれがある場合，会社はこれを止めさせるはずだが，馴れ合うなどして止めさせない可能性がある。また，日本の会社の大多数を占めるのは，前記のような業務監査権限を有する監査機関がない中小零細な非公開会社である。そのため360条は，株主に会社のため取締役の行為の差止を請求する権利を認め，会社の利益（個々の株主の利益ではない）を保護する（神田164頁・303頁）。監査役，監査等委員及び監査委員の差止請求権（385条・399条の6・407条）の要件事実が，**監査役設置会社ではない非公開会社**（以下「**非監査役設置の非公開会社**」ということがある）の場合にそのまま流用される（360条1項・2項）。

なお，株主が原告となるのは，会社のための**法定訴訟担当**としてであり（神田305頁，田中366頁），株主による取締役の行為の差止請求権（360条）の本質は，**株主代表訴訟**と基本的に異ならない（神田306頁）。

(5)　会社の組織に関する訴えの請求原因との関連性

【会社の組織に関する訴えと権利型の差止請求権の請求原因（募集株式の発行等の場合）】

新株株式		無効の訴え（828 I ②③）	→	差止請求権（210）
Kg1	原告適格	株主等	→	株主
Kg2	対象	募集株式の発行等	→	募集株式の発行等
Kg3	無効・差止の事由	重大な手続上の瑕疵	→	法令定款違反＋不公正発行

Kg4　必要性		+	株主が不利益を受けるおそれ

　ところで，例えば組織再編の差止請求権は，会社の組織に関する訴えにより事後的に効力が否定されれば法律関係を複雑・不安定にするため，平成26年改正により新設された（一問一答平成26年改正337頁）。このような関連性もあり，前述した**権利型の差止請求権の請求原因**は，募集株式の発行等の場合を例にした**表のとおり，会社の組織に関する訴えの請求原因であるKg1～3を修正して流用するとともに，必要性（Kg4）**を加えたものと整理されよう。

　(6)　権利型の差止請求権

　本編では，**第２章〜第４章で①取締役の行為**（360条［株主］・385条［監査役］・399条の6［監査等委員］・407条［監査委員］），⑤**募集株式の発行等**（210条）**及び**⑦**吸収合併等**（784条の2・796条の2）の場合の差止請求権のみを取り扱うが，その他の場合も含め権利型の差止請求権は**表のとおり**整理される（神田305頁参照）。

【権利型の差止請求権】

	210条・247条	171条の3	182条の3	784条の2・796条の2・805条の2・816条の5	179条の7
Kg1	株主				売渡株主等
Kg2	募集株式の発行等・募集新株予約権の発行	全部取得条項付種類株式の取得	株式併合	吸収合併等・新設合併等・株式交付	株式等売渡請求に係る売渡株式等の全部の取得
Kg3	法令定款違反				法令違反（＊1）

	著しく不公正な方法			対価の著しい不当（＊2）	対価の著しい不当
Kg4	株主が不利益を受けるおそれ				売渡株主等が不利益を受けるおそれ
効果	会社に対する差止請求				特別支配株主に対する差止請求

＊1　179条の7では，会社ではなく特別支配株主が被告となるため，定款違反は差止事由とならない。

＊2　対価の著しい不当は，新設合併等の差止請求権（805条の2）及び株式交付の差止請求権（816条の5）では差止事由とならない。

　③売渡株式等の取得の差止請求権（179条の7）では，「売渡株主が不利益を受けるおそれ」がある場合に，「特別支配株主に対し」請求できるとされ，あるいは差止事由がやや異なる。会社が直接の当事者にならない特殊性によるが，基本的に⑦のうちの略式株式交換における被支配会社の株主による差止請求権（784条の2）の場合と異ならない（髙橋他528頁［笠原武朗］）。

　ちなみに，意思決定を迅速にするため少数株主を締め出すキャッシュアウトは，二段階買収の第1段階で議決権の90％以上を取得できた場合は特別支配株主の株式等売渡請求（179条以下），90％未満の場合は株式併合（180条以下）を用いる実務が定着し，仕組みが複雑な全部取得条項付種類株式を使うスキームは使われなくなった。

2　株主による取締役の行為の差止請求権（360条）の機能

　このように，同じく株主が権利者となる場合でも，株主による取締

役の行為の差止請求権（360条）と権利型の差止請求権（前記②〜⑨）は別
の制度であり，請求権が競合し得る。例えば**違法な吸収合併等が行わ
れようとしている場合**，これを差し止めようとする**株主**は，平成26年
改正後は，権利型の⑦**吸収合併等の差止請求権**（784条の2・796条の2）に
よることもできれば，機関型の①**株主による取締役の行為の差止請求
権**（360条）によることもできる。①（360条）では必要性要件（Kg4）が
加重されるためハードルが高く，株主は通常は⑦（784条の2・796条の2）
を用いれば足る。

【360条・210条対比表】

		360条［機関型］	210条［権利型］
Kg1	原告適格	株主（＊1）	株主
Kg2	対象	取締役の行為全般	会社の特定の行為（募集株式の発行等）
Kg3	差止事由	法令定款違反	法令定款違反＋不公正発行
Kg4	必要性	会社の著しい損害（＊2）	株主の不利益
被告		取締役	会社

＊1　法定訴訟担当。公開会社では6か月（定款で短縮可）の株式継続保有要件が
　　加わる。
＊2　監査役設置会社の場合は会社の「回復することができない」損害。

　表と図は，**株主による取締役の行為の差止請求権**（360条）と，権利型
の例である**募集株式の発行等の差止請求権**（210条）の相違を整理した
ものだが，図で示そうとしているのは，**株主による取締役の行為の差
止請求権**（360条）には，**権利型の差止請求権**（前記②〜⑨）が準備されて
いない場面をカバーする機能があることである。

【機関型と権利型の差止対象】（外枠全体が機関型，内側網掛が権利型
　の差止対象）

取締役の行為（360・385・399の6（平成26年改正）・407）
募集株式の発行等（210），募集新株予約権の発行（247）
吸収合併等（784の2・796の2），新設合併等（805の2）
全部取得条項付種類株式の取得（171の3），株式併合（182の3）
売渡株式等の全部の取得（179の7）
株式交付（816の5）
（将来の改正による追加）

（左側：平成26年改正による追加／令和元年改正による追加）

（360条が網掛部分以外の白地部分全体をカバー）

　例えば，平成26年改正前は，略式手続以外で⑦（784条の2・796条の2）
を利用できなかったため，株主総会による承認が必要な吸収合併等に
おいて法令違反がある場合，株主は①（360条）を用いるしかなかった
（司法試験平成21年度論文式問題参照）。①（360条）では足りないから，平
成26年改正により略式手続以外でも⑦（784条の2・796条の2）が認められ
た。

　もっとも，権利型の差止請求権は現時点では②〜⑨に限られるから，
対象（Kg2）が取締役の行為（360条1項）と広い**株主による取締役の行
為の差止請求権（360条）**には，**権利型の差止請求権（前記②〜⑨）が準備
されていない場面をカバーする機能**があり，図の網掛された権利型の
差止請求権がカバーする部分以外の白地の部分全体をカバーし，例え
ば株主総会の議長としての取締役の権限の行使も差止の対象になり得
る（東京地決令和3・2・17金判1616号16頁（但し申立却下））。平成26年改正に
より⑦吸収合併等の差止請求権（784条の2・796条の2）を利用できるよう
になった後も，**事業譲渡等**については，会社分割や吸収合併と経済的
に異ならないのに差止請求権は新設されなかったため，**株主が違法な
事業譲渡等を差し止めようとする場合**には取締役の行為の差止請求権

（360条）を用いることとなる（コンメンタール12巻63頁（不当な対価等の場合）・88頁（略式手続の場合）〔齊藤真紀〕）。

3　仮の地位を定める仮処分

　差止請求権は，まずは裁判外で行使されるであろうが，相手方が従わない場合，訴訟では間に合わないため**仮の地位を定める仮処分**（民保23条2項）を申し立てる。債務者の事業に重大な影響が生じることが一般的なため，**被保全権利**及び**保全の必要性**につき**高度の疎明**が求められる（株主による取締役の違法行為の差止（360条）を求める仮処分につき東京地決平成16・6・23金判1213号61頁〈百選58事件〉）。

　なお，**保全の必要性**で主張すべき事実は，被保全権利の要件事実に含まれる**必要性要件（Kg4）**で主張すべき事実と重なる（類型別Ⅱ963頁等参照）。

第2章　取締役の行為の差止請求権

第1節　監査役の差止請求権（385条）

1　総　説

> 385条（監査役による取締役の行為の差止め）
> 1　監査役は，／取締役が／監査役設置会社の目的の範囲外の行為その他法令若しくは定款に違反する行為をし，又はこれらの行為をするおそれがある場合において，／当該行為によって当該監査役設置会社に著しい損害が生ずるおそれがあるときは，／当該取締役に対し，／当該行為をやめることを請求することができる。
> （2項省略）

　機関型の差止請求権の要件事実は，監査役，監査等委員又は監査委員による場合（385条・399条の6・407条）が基本となり，株主による場合

（360条）の要件事実はその派生形となっている。よって，まず**第1節**で**監査役による取締役の行為の差止請求権**（385条）の枠組みを確認し，**第2節**で**株主による取締役の行為の差止請求権**（360条）を取り扱う。

2　請求原因

(1)　要件事実

> Kg1　原告適格基礎付事実：監査役設置会社の監査役
> 「原告は，監査役設置会社であるＡ社の監査役である。」
> Kg2　対象：取締役の行為
> 「Ａ社の取締役である被告は，……をするおそれがある。」
> Kg3　差止事由：法令定款違反
> 「当該行為は，法令又は定款に違反する。」
> Kg4　必要性：会社の著しい損害
> 「当該行為により，Ａ社に著しい損害が生じるおそれがある。」

(2)　Kg1：監査役設置会社

監査の範囲を会計に関するものに限定する旨を定款で定められた監査役（以下「**会計限定監査役**」という）は，差止請求権（385条）を有しない（389条7項）。よって，Kg1で監査役設置会社である旨を明記する。

(3)　Kg1：監査役会設置会社の場合

監査役が3人以上いる監査役会設置会社においても，監査役は**独任制**の機関であるから（390条2項柱書但書），監査役は単独で差止請求権を行使できる。

(4)　効　果

請求原因充足の効果は，次のとおりである。

> 「よって，原告は被告に対し，……をやめることを請求することができる。」

第2節　株主の差止請求権（360条）

1　総　説

> **360条（株主による取締役の行為の差止め）**
> 1　**6箇月**（これを下回る期間を定款で定めた場合にあっては，その期間）前から引き続き株式を有する株主は，／取締役が／株式会社の目的の範囲外の行為その他法令若しくは定款に違反する行為をし，又はこれらの行為をするおそれがある場合において，／当該行為によって当該株式会社に著しい損害が生ずるおそれがあるときは，／当該取締役に対し，／当該行為をやめることを請求することができる。
> 2　公開会社でない株式会社における前項の規定の適用については，／同項中「6箇月（これを下回る期間を定款で定めた場合にあっては，その期間）前から引き続き株式を有する株主」とあるのは，／「株主」とする。
> 3　監査役設置会社，監査等委員会設置会社又は指名委員会等設置会社における第1項の規定の適用については，／同項中「著しい損害」とあるのは，／「回復することができない損害」とする。

(1)　法的性質

　前述のとおり，株主による取締役の行為の差止請求権（360条）は，会社の利益を守るため，個々の株主に会社のため取締役の行為の差止を請求する権利を認めるもので，その本質は**株主代表訴訟**（847条以下）と異ならない。株主代表訴訟が事後的救済手段であるのに対し，株主による取締役の行為の差止請求権は事前の予防手段である。よって，株主による取締役の行為の差止請求に，株主代表訴訟に関する担保提供，訴訟告知，勝訴株主の費用の会社負担等の規定（847条の4第2項・3項・849条以下）が類推適用されるが，専属管轄に係る848条は類推適用されないと解されている（神田306頁）。

（2）　要件事実

　まず，第1節で確認した**監査役による取締役の行為の差止請求権**（385条）の要件事実の枠組みが，**非監査役設置の非公開会社の株主による差止請求権**（360条1項・2項）に引き継がれる。その上で，公開会社及び監査役設置会社で要件事実が修正される。

　まず，**公開会社**では，経営に関心のない者が流通する株式を取得して濫用的な差止を求める事態を抑えるため，**原告適格につき6か月**（定款でこれを下回る期間の定めが可能）の株式継続保有が要件に加えられる（360条1項）。次に，**監査役設置会社**では，まず監査役が差止請求権（385条）を行使することが予定され，株主の関与は限定的で足ると考えられたため，「会社に著しい損害が生ずるおそれ」が「会社に回復することができない損害が生ずるおそれ」に加重される（360条3項）。

　要件事実を，①**非監査役設置の非公開会社**，②監査役設置会社である非公開会社，③**公開会社**に分けて整理すると，**表のとおり**となる。

【株主による取締役の行為の差止請求権】

公開会社か	非公開会社		公開会社
監査役設置会社か	非監査役設置会社	監査役設置会社	監査役設置会社
原告適格	株主（6か月株式継続保有不要）		6か月継続保有株主
差止事由	法令定款違反		
会社の損害	著しい損害	回復することができない損害	

　前記③について，公開会社は，所有と経営の分離が前提であるから，経営専門家である取締役3名以上から成る取締役会を置かなければならず（327条1項1号），このような取締役会設置会社は，株主総会から取締役会に一定の権限が委譲されるため，株主に代わり取締役の職務執行を監査する監査役を置かなければならない（同条2項）。さらに，公開

会社は監査役の権限を会計に関するものに限定する旨を定款で定めることはできないため（389条1項反対解釈），**公開会社**は必然的に**監査役設置会社**（2条9号）となる。

　監査役設置会社である非公開会社（②）は実務上稀なため，以下では**2**で**非監査役設置の非公開会社**（①），**3**で**公開会社**（③）につき，それぞれの場合の株主の差止請求権の要件事実を確認する。

2　請求原因1：監査役設置会社ではない非公開会社の場合

(1)　要件事実（類型別Ⅱ905頁・1005〜1008頁（仮処分命令申立書例），岡口97頁参照）

> Kg1　原告適格基礎付事実
> (1)　会社の類型：監査役設置会社ではない非公開会社
> 「A社は，監査役設置会社ではない非公開会社である。」
> (2)　株主
> 「原告は，A社の株主である。」
> Kg2　対象：取締役の行為
> 「A社の取締役である被告は，……をするおそれがある。」
> Kg3　差止事由：法令定款違反
> 「当該行為は，法令又は定款に違反する。」
> Kg4　必要性：会社の著しい損害
> 「当該行為により，A社に著しい損害が生じるおそれがある。」

(2)　Kg1(1)：会社の類型

監査役設置会社か否か，公開会社か否かにより要件事実が異なるため，当該会社の類型を明記する。

(3)　Kg2・3：法令に違反する取締役の行為の例

360条は，取締役の行為全般を広くカバーする。法令に違反する取締役の行為の例として，招集手続に法令違反のある株主総会の開催（296条以下，類型別Ⅱ899頁・1003頁（仮処分命令申立書例）），取締役会の承認を欠く重要な財産の処分（362条4項1号，類型別Ⅱ905頁・1005頁（仮処分命

令申立書例)），取締役会の承認を欠く競業取引及び利益相反取引（365条
1項・356条1項），株主総会特別決議による承認を欠く事業譲渡等（467条），
優先株式の引受（東京地決平成16・6・23金判1213号61頁〈百選58事件〉（但し
申立却下)），原子力発電機の運転再開指示（東京高判平成11・3・25判時1686
号33頁（但し請求棄却)）等がある。

(4)　Kg2・3：善管注意義務違反の職務執行

360条1項は取締役を名宛人とするため，「法令」（360条1項）は取締役
を名宛人とする規定（330条，民644条）も含む。よって，取締役による善
管注意義務違反の職務執行が差止対象となるが，取締役が経営判断を
する際は広い裁量が認められるべきであるから**経営判断原則**が適用さ
れ，差止が認められる場合は限定的となろう（前出東京地決平成16・6・23
〈百選58事件〉，田中366頁，髙橋他218頁［髙橋美加]）。

(5)　Kg2・3：定款に違反する取締役の行為の例（定款記載の目的の
　　　　範囲外の行為）

定款に違反する取締役の行為の例として，定款記載の目的の範囲外
の行為がある。

この点，**定款記載の目的の遂行に必要な行為か否かは，対外的取引
の効力に関わる場面**では，定款記載の目的に現実に必要か否かではな
く，客観的・抽象的に必要か否かを基準に判断するものとされ，また，
判断に際して取引の安全が考慮される（最判昭和27・2・15民集6巻2号77頁
〈百選1事件〉）。そのため，会社の権利能力は実質的に定款記載の目的
により制限されないのと変わりないと評されることもある。

他方，**会社内部のガバナンスに関連する取締役の行為の差止請求**
（360条・385条・399条の6・407条）**の場面**では，当該規定の趣旨に照らし，
本来の「目的」に即して合理的にその範囲を解釈しなければならない
とされる（百選1事件の解説［北村雅史］参照）。

(6)　Kg4：「会社」の「著しい損害」

前記のとおり，必要性要件（Kg4）は，**権利型**の差止請求権では「株

主」に「不利益」を生じるおそれで足るが，**機関型**の360条1項では「会社」に「著しい損害」が生じるおそれが必要となる。「著しい損害」とは，**質及び量において著しい損害**とされる（コンメンタール8巻137頁［岩原紳作］，類型別Ⅱ911頁，髙橋他218頁［髙橋美加］）。当該会社の状況，規模等により総合的に判断されるが，損害回復の可能性は問題とならない点が監査役設置会社の株主による差止請求（360条1項・3項）の場合と異なる（類型別Ⅱ911頁）。

3　請求原因2：公開会社の場合

（1）**要件事実**（類型別Ⅱ905頁・1005〜1008頁（仮処分命令申立書例），岡口97頁参照）

下線部が，**2**の非監査役設置の非公開会社の株主による請求（360条1項・2項）の場合と異なる。以下，異なる箇所のみ確認する。

Kg1　原告適格基礎付事実
（1）会社の類型（<u>公開会社</u>）
「A社は，<u>公開会社</u>である。」
（2）<u>6か月</u>株式継続保有株主
「原告は，<u>6か月前から引き続き</u>A社の株式を有する<u>株主である</u>。」
Kg2　対象：取締役の行為
「A社の取締役である被告は，……をするおそれがある。」
Kg3　差止事由：法令定款違反
「当該行為は，法令又は定款に違反する。」
Kg4　必要性：会社の<u>回復することができない</u>損害
「当該行為により，A社に<u>回復することができない</u>損害が生じるおそれがある。」

（2）Kg1（1）：公開会社

公開会社かつ監査役設置会社であることを示す必要があるが（360条3項），前述のとおり公開会社は必然的に監査役設置会社となるため，

公開会社であることを主張するのみで監査役設置会社であることも主張したこととなる。

(3)　Kg4：「回復することができない損害」

監査役設置会社では，前述のとおり，Kg4が「回復することができない損害」に加重される。「回復することができない損害」は，**損害を回復できない場合**に限らず，費用や手数等の点から**回復に相当の困難がある場合**も含む（類型別II 911頁）。

第3章　募集株式の発行等の差止請求権（210条）

1　請求原因

> 210条（募集株式の発行等をやめることの請求）
> 次に掲げる場合において，／**株主が不利益を受けるおそれがあるとき**は，／**株主は，**／**株式会社に対し，**／**第199条第1項の募集** [発行株式又は処分する自己株式の引受人の募集]**に係る株式の発行又は自己株式の処分をやめることを請求することができる。**
> 一　当該株式の発行又は自己株式の処分が／**法令又は定款に違反する場合**
> 二　当該株式の発行又は自己株式の処分が／**著しく不公正な方法により行われる場合**

募集株式の発行等の差止請求権（210条）は，株式分割等**特殊の新株発行**の場合も，株主の利益保護のため必要な場合は類推適用できるとの理解が一般的とされる（LQ338頁 [松井秀征]）。以下では**新株発行の場合**を取り扱うが，その内容は募集新株予約権の発行の差止請求権（247条）でも概ね同様となる。

(1)　**要件事実**（類型別Ⅱ564頁・962頁（仮処分命令申立書例），岡口135頁参照）

> Kg1　原告適格基礎付事実：株主
> 「原告は，被告会社の株主である。」
> Kg2　対象：募集株式の発行等
> 「被告会社は，令和○年○月○日取締役会を開催し，新株発行につき……との内容の募集事項を決定した。」
> Kg3　差止事由（(1)又は(2)）
> 「……であるから，本件新株発行は」
> (1)　法令定款違反（210条1号）
> 「法令又は定款に違反する。」
> (2)　著しく不公正な方法（210条2号）
> 「著しく不公正な方法による発行である。」
> Kg4　必要性：株主の不利益
> 「本件新株発行により，原告は……との不利益を受けるおそれがある。」

(2)　Kg3(1)：「法令」

　210条は，会社を名宛人とする規定であるため，会社が遵守すべき「法令」に違反することが差止事由であり，取締役を名宛人とする善管注意義務（330条，民644条）や忠実義務（355条）の規定は「法令」（210条1号）に当たらない（類型別Ⅱ571頁，田中516頁）。不公正発行が差止事由とされているため（同条2号），特に不都合はない。

(3)　Kg3(1)：法令違反の例

　法令違反（210条1号）の例として，非公開会社では，株主総会特別決議を欠く新株発行（199条2項・309条2項5号）等がある。公開会社では，取締役会決議を欠く新株発行（201条1項・199条2項），支配株主の異動を伴う募集株式の割当規制（206条の2）の対象であるのに特定引受人に関する事項の通知又は公告を欠く場合（206条の2第1項・2項），支配株主の異動を伴う募集株式の割当規制（206条の2）の対象事案で株主の反対通知が10％（又は定款所定の割合）に達しているのに株主総会決議の承認

を得ない場合（同条4項本文）等が考えられる。

　有利発行を必要とする理由の説明を欠く有利発行（199条3項），公開会社における株主総会特別決議を欠く有利発行（201条1項・199条3項・2項・309条2項5号）も差止事由だが，これらと関連する**「特に有利な金額」**（199条3項）による募集株式の発行等（**有利発行**）につき，**第1編第3章第2節3**を参照されたい。

　(4)　Kg3(2)：不公正発行

　「著しく不公正」な方法による新株発行は，法令定款違反ではないが，著しく公正を欠くと認められる新株発行（類型別Ⅱ579頁）などとされる。不当な目的を達成する手段として新株発行がなされる場合であり（類型別Ⅱ578頁以下），例として**会社支配権の維持又は争奪**を目的とする場合，**少数株主権の剥奪**を目的とする場合が挙げられ，**2**で敷衍する。

　(5)　Kg3(2)：株主割当増資・公募増資と不公正発行

　不公正発行は，一般的には**第三者割当増資**の事案で問題となるが，**株主割当増資**の事案でも，自らの支配権を維持する目的で，例えば他の株主に出資金を用意する時間的余裕を与えず不意打ち的に株主割当増資を行うような場合，210条2号が適用される可能性がある（髙橋他316頁［久保田安彦］，司法試験平成25年度論文式問題参照）。また，**公募増資**の事案にも，本条2号が適用される可能性がある（東京高決平成29・7・19金判1532号57頁〈百選A41事件〉）。

　(6)　Kg4：「株主」の「不利益」

　不利益は，機関型の差止請求権（360条・385条・399条の6・407条）の場合と異なり，会社ではなく株主につき問題となる。なお，株主の不利益は，全部の株主に不利益を生じる必要はなく，1人の株主に不利益が生じるおそれがあれば足る（髙橋他317頁［久保田安彦］）。その具体的内容は，差止事由にもよるが，「原告株主が有する被告会社の株式の価値

が毀損される」,「原告の被告会社における持株比率が著しく低下する」
などが考えられる。

(7)　効　果

請求原因充足の効果は，次のとおりである。

> 「よって，原告は被告会社に対し，本件新株発行をやめることを請求す
> ることができる。」

(8)　公開会社における支配株主の異動を伴う募集株式の割当規制 (206条の2) の新設による影響

平成26年改正で新設された公開会社における支配権の異動を伴う募
集株式の割当等の特則 (206条の2第1項) は，会社支配権の維持又は争奪
の場面も想定している。もっとも，同条が適用されるほど大規模でな
くても，平成26年改正前と同様，主要目的ルールによる不公正発行の
差止 (210条2号) による規律はなお及ぼされる (田中522頁参照)。

2　不公正発行

(1)　主要目的ルール

不公正発行につき，裁判例では，新株発行が複数の目的をもって行
われる場合，そのうちの**主要目的により新株発行の公正性を判断する
法理**が形成されている。もっとも，会社に**資金調達**等の必要があった
と認定されれば，調達方法については原則として取締役会の判断を尊
重し，不公正目的達成動機が優越していたとは滅多に認定しない傾向
が強い（東京高決平成16・8・4金判1201号4頁［ベルシステム24事件］〈百選96事
件〉，江頭802頁他)。時間的制約のある仮処分の手続では，裁判所が資金
調達目的等の必要性及び合理性を精査することは容易ではなく，この
点も影響している感がある。

もっとも，**支配権維持**が主目的と認定する裁判例もある。支配権争
いがある場合に，株主総会の議決権行使の基準日後株主総会前に新株

発行が行われ，会社が株主総会でその新株発行の割当先に議決権行使
を認めたときに，支配権維持を主要目的とする新株発行と事実上推定
するのが，現在の主要目的ルールの運用であろうとされる（神田166頁
参照）。

(2)　修正主要目的ルール

新株予約権の発行の事案で，**敵対的買収により支配権獲得を企図す
る特定の株主の持株比率を低下させることを主要目的とする場合**で
も，**株主全体の利益の保護**の観点より，敵対的買収者が真摯に合理的
な経営を目指すものではなく，敵対的買収者による支配権取得が**会社
に回復し難い損害をもたらす事情**を会社が疎明・立証した場合，差止
を認めない裁判例がある（東京高判平成17・3・23判タ1173号125頁［ニッポン
放送事件］〈百選97事件〉）。そのような事情として，以下が例示される。

① 　真に会社経営に参加する意思がないにもかかわらず，ただ株価を
　つり上げて高値で株式を会社関係者に引き取らせる目的で株式の買
　収を行う場合（**グリーンメーラー**）。

② 　会社経営を一時的に支配して当該会社の事業経営上必要な知的財
　産権，ノウハウ，企業秘密情報，主要取引先や顧客等を当該買収者
　やそのグループ会社等に移譲させるなどする目的で株式の買収を行
　う場合（**焦土化経営**）。

③ 　会社経営を支配した後に，当該会社の資産を当該買収者やそのグ
　ループ会社等の債務の担保や弁済原資として流用する予定で株式の
　買収を行う場合（**LBO**（レバレッジド・バイ・アウト））。

④ 　会社経営を一時的に支配して当該会社の事業に当面関係していな
　い不動産，有価証券など高額資産等を売却等処分させ，その処分利
　益をもって一時的な高配当をさせるかあるいは一時的高配当による
　株価の急上昇の機会を狙って株式の高価売り抜けをする目的で株式
　買収を行う場合。

これらの事情は，抗弁と位置付けられよう。新株予約権の発行の差止（247条）の事案での判断だが，判示内容は募集株式の発行等の場合（210条）にも射程が及ぶとされる（百選97事件の解説［高橋英治］参照）。

第4章　組織再編の差止請求権

第1節　総　説

1　意　義

組織再編の効力を事後的に否定すれば，法律関係が複雑かつ不安定になる。そのため，平成26年改正以降，組織再編やキャッシュアウトを事前に差し止める手段の整備が進められたが，本章ではその典型である**吸収合併等の差止請求権（784条の2・796条の2）を第2節**で取り扱う。また，差止請求権（784条の2・796条の2）が生じない範囲を確認する趣旨も含め，**第3節**で**簡易手続**を取り扱う。

これらの内容は，新設合併等の差止請求権（805条の2），株式交付の差止請求権（816条の5），全部取得条項付種類株式の取得の差止請求権（171条の3），売渡株式等の取得の差止請求権（179条の7）及び株式併合の差止請求権（182条の3）において，ほぼパラレルに妥当する（**第1章1**参照）。

2　株式譲渡等の場合の事前の差止

ここで，本章で取り扱わないM&Aの差止を，**【設例2−1】**によりいくつか確認する。

> **【設例2−1】**
> 　A社は，電子部品の製造販売を業とする非公開会社で，その株主はα1〜α5である。B社は，A社の事業を自社に取り込みたいと考えており，βはB社の株主である。

(1)　株式譲渡の場合

　実務では，特に非公開会社を経営統合する場合，株式譲渡が多く用いられる。【設例2−1】の場合，その契約当事者は$\alpha 1 \sim \alpha 5$とB社であり，B社では，例えば**「重要な財産の譲受け」**（362条4項1号）に係る取締役会決議を欠くことなどを理由として，βが**取締役の行為の差止請求権**（360条）により$\alpha 1$らからのA社株式の取得の差止を求める余地がある。他方，A社では，契約当事者はA社ではなくその株主$\alpha 1$らであるから，差止対象となる取締役の行為（360条）がない。

　ちなみに，**株式譲渡が「重要な財産の処分」**（362条4項1号）**に当たる**か争われた事案で，判例は，その判断基準につき「当該財産の価額，その会社の総資産に占める割合，当該財産の保有目的，処分行為の態様及び会社における従来の取扱い等の事情を総合的に考慮」して判断すべきとした。この事案では，当該株式の帳簿価額は譲渡会社の総資産の約1.6％に相当する，当該株式譲渡は譲渡会社の事業のため通常行われる取引に属しないことなどを理由に，当該株式譲渡は「重要な財産の処分」に当たるとされた（最判平成6・1・20民集48巻1号1頁〈百選60事件〉）。これを受け，「重要な財産の処分」に当たるか否かにつき，実務書で**総資産の1％**との目安を示唆する解説がある（取締役会ガイドライン209頁）。

　なお，**取締役会決議が必要なのにこれを経ないでなされた重要な財産の処分**（362条4項1号）**の効力**は，内部意思決定を欠くに止まるから原則として有効だが，相手方が決議を経ていないことを知り又は知り得べきであれば無効とされる（民93条1項類推適用。最判昭和40・9・22民集19巻6号1656頁〈百選61事件〉）。

(2)　第三者割当増資の場合

　第三者割当増資は，A社に財務上の必要がある場合等で行われるが，**A社側では募集株式の発行等の差止請求権**（210条）が準備されている

（第3章参照）。B社側では，**第三者割当増資の引受が重要な業務執行**に係る取締役会決議（362条4項1号）を欠くことなどを理由として，βが**取締役の行為の差止請求権（360条）**によりその差止を求める余地がある。

(3) 事業譲渡の場合

例えば，**A社**がその**事業の全部**をB社に譲渡する場合，A社では事業の全部の譲渡（467条1項1号），B社では他の会社の事業の全部の譲受け（同項3号）に該当するため，双方で株主総会の特別決議による承認が必要となる（309条2項11号）。経済的には吸収合併の事案である後出の**【設例2−2】**と変わらないが，手続が違法でも吸収合併等の差止請求権（784条の2・796条の2）のような手段はない。

このような場合，**A社の株主α又はB社の株主βは取締役の行為の差止請求権（360条）**により差止を求める余地があり，この点は簡易事業譲渡や略式事業譲渡の場合も同様である（コンメンタール12巻63頁（不利な対価等の場合）・88頁（略式手続の場合）[齊藤真紀]。**第1章2**参照）。

第2節 吸収合併等の差止請求権（784条の2）

1 総 説

784条の2（吸収合併等をやめることの請求）
次に掲げる場合において，／消滅株式会社等の株主が不利益を受けるおそれがあるときは，／消滅株式会社等の株主は，／消滅株式会社等に対し，／吸収合併等をやめることを請求することができる。／ただし，前条第2項に規定する場合[分割会社における簡易分割]は，／この限りでない。

一 当該吸収合併等が法令又は定款に違反する場合

二 前条第1項本文に規定する場合[存続会社等が消滅株式会社等の特別支配会社である場合]において，／第749条第1項第2号若しくは第3号[吸収合併存続会社が株式会社である吸収合併契約所定の合併対価等]，第751条第1項

> 　**第3号若しくは第4号**［吸収合併存続会社が持分会社である吸収合併契約所定の吸収合併存続持分会社の持分を除く合併対価等］，**第758条第4号**［吸収分割承継会社が株式会社である吸収分割契約所定の吸収分割会社に交付する対価等］，**第760条第4号若しくは第5号**［吸収分割承継会社が持分会社である吸収分割契約所定の吸収分割承継持分会社の持分を除く吸収分割の対価等］，**第768条第1項第2号若しくは第3号**［株式交換完全親会社が株式会社である株式交換契約所定の株式交換の対価等］又は**第770条第1項第3号若しくは第4号**［株式交換完全親会社が合同会社である株式交換契約所定の株式交換の対価等］**に掲げる事項が／消滅株式会社等又は存続会社等の財産の状況その他の事情に照らして著しく不当であるとき。**

　吸収合併等の差止請求権は，消滅株式会社等（784条の2）と存続株式会社等（796条の2）の側でそれぞれ規定され，両者の内容は，簡易手続が可能な範囲に差があるが，その他はほぼパラレルである。よって，**第２節**で**【設例2－2】**により**消滅株式会社等の株主の差止請求権**（784条の2）の要件事実を整理し，**第３節**で**簡易手続**ができる範囲に関する両者の差につき確認する。

> **【設例2－2】**
> 　A社を**吸収合併消滅株式会社**，B社を**吸収合併存続株式会社**とする**吸収合併**により，A社株主にB社株式が交付されようとしている。A社の**株主α**は，本件吸収合併を阻止したいと考えている。

2　請求原因

（1）　要件事実

> **Kg1　当事者適格基礎付事実：消滅株式会社等の株主**
> 「原告αは，被告A社の株主である。」
> **Kg2　対象：吸収合併等**
> 「被告A社及びB社は，令和〇年〇月〇日に開催されたそれぞれの取締役会において，被告A社を吸収合併消滅株式会社，B社を吸収合併存続

株式会社とする吸収合併契約を同年□月□日付で締結することを決議した。」

Kg3　差止事由

(1)　法令定款違反（1号）

「……であるから，本件吸収合併は法令又は定款に違反する。」

(2)　契約相手が特別支配会社である場合の組織再編対価の著しい不当（2号）

①　特別支配会社

「B社は，被告A社の特別支配会社である。」

②　組織再編対価の著しい不当

「……であるから，本件吸収合併に係る749条1項2号又は3号に掲げる事項は，A社又はB社の財産の状況その他の事情に照らして著しく不当である。」

Kg4　必要性：株主の不利益

「本件吸収合併により，原告αは……との不利益を受けるおそれがある。」

(2)　Kg2：消滅株式会社等

「**消滅株式会社等**」(784条の2柱書) は，①**吸収合併消滅株式会社**，②**吸収分割株式会社**及び③**株式交換完全子会社**とされる（782条1項）。

(3)　Kg3(1)：法令違反（1号）

「**法令**」(784条の2第1項) は，会社法が定める組織再編手続に関する規定に限らず，例えば独占禁止法等の規定も含まれる。会社法が定める手続の違反の例として，合併契約の内容の違法（749条），合併契約に関する備置書面の不実記載（782条），株主総会特別決議の欠缺（783条1項・309条2項12号），株式買取請求手続の不履行（785条）等が挙げられる。

合併契約を承認する株主総会の手続の法令違反も，株主総会決議の取消事由となり得るのみならず，差止との関係では本条の法令違反に含まれ，株主総会決議を取り消さずとも本条による差止が可能である（髙橋他519頁［笠原武朗］参照）。具体的には，招集通知漏れ，議決権行使

結果の取扱いの誤り（神戸地決令和3・11・26資料商事454号124頁，大阪高決令和3・12・7資料商事454号124頁，最決令和3・12・14資料商事454号106頁［関西スーパー事件］）等がある。

(4)　Kg3(1)：「法令」（784条の2第1号）の範囲と組織再編対価の著しい不当

存続会社等が特別支配株主である場合以外の組織再編において，組織再編対価の著しい不当は，組織再編の効力が生じるまでの短期間に裁判所がこれを判断するのは困難との理由から，差止事由とされない（784条の2第2号反対解釈）。また，差止事由としての法令違反（784条の2第1号）には，取締役の善管注意義務又は忠実義務の違反は含まれない。これが含まれるなら，対価の不当性を裁判所が判断しなければならなくなるからである。784条の2は会社を名宛人とするから，「法令」（784条の2第1号）には取締役を名宛人とする規定（330条，民644条・355条）は含まれないとも説明される（一問一答平成26年改正309頁，江頭923頁。髙橋他519頁［笠原武朗］参照）。

対価につき株主総会の特別決議による承認を得た以上，その不当性は原則として**株式買取請求（785条）**で救済することとし，組織再編自体を止めないこととなる。

もっとも，このような場合でも**差止を許す余地を認める解釈**が有力である（学説等の状況につき髙橋他520頁［笠原武朗］）。例えば，親子会社間の組織再編等の際に，**著しく不当な対価を内容とする組織再編を承認する株主総会決議（783条1項）が特別利害関係人（親会社等）の議決権行使により取消事由（831条1項3号）を含む場合**，当該株主総会決議の取消しにより株主総会決議を欠く合併手続の法令違反（784条の2第1号）となるロジックが考えられる。そこで，株主総会決議の後，**①831条1項3号を理由とする株主総会決議取消訴訟，及び，②当該訴訟が認容されることで組織再編が株主総会決議（783条1項）を欠く法令違反となるこ**

とを理由とする**吸収合併等差止請求訴訟**（784条の2第1号）の2つを**本案訴訟**とするなら，差止仮処分（民保23条2項）を申し立てることができるとする（田中213頁・681頁）。

(5)　Kg3(2)：組織再編対価の著しい不当（2号）

784条の2第2号は，「前条第1項本文に規定する場合」，即ち存続会社等Ｂ社が消滅株式会社等Ａ社の**特別支配会社**である場合に，組織再編対価の著しい不当も差止事由とする。被支配会社Ａ社の株主総会では，特別支配会社Ｂ社の意のままに可決されることが自明なため，株主総会決議は不要となる（784条1項本文）。

この点，株主総会決議を要する場合なら，特別利害関係人の議決権行使により著しく不当な組織再編対価が承認されれば，株主総会決議取消事由（831条1項3号）となり，組織再編の無効事由となり得るが，略式組織再編の対価が著しく不当な場合，この状況と同じであり，むしろ対価が不当に設定されて被支配会社Ａ社の少数株主の利益が害されるおそれが高いのに株主総会決議は不要なため（784条1項本文），事後的に争う手段すらない。よって，特別支配関係にある当事者間の組織再編では，被支配会社Ａ社の少数株主保護のため，組織再編対価の著しい不当が差止事由に加わる（江頭924頁）。

ところで，784条の2第2号は「前条［784条］第1項本文に規定する場合」とし，「前条第1項に規定する場合」としていない。よって，組織再編対価の著しい不当が差止事由に加わるのは，株主総会決議を要しない略式手続による場合が主ではあるが，784条1項但書により株主総会決議を必要とする場合も含まれるようである（髙橋他519頁［笠原武朗]）。

(6)　Kg4：株主の不利益

原告である「株主」の「不利益」は，差止事由の内容にもよるが，法令違反の場合，例えば「原告が有する被告会社の株式の価値が毀損

される」などが考えられる。仮に吸収合併等が無効とされると，権利義務関係を合併前の状態に戻さなければならず，その処理のため会社は多大な損失を強いられ，企業価値が棄損されよう。そうなれば，株主が有する被告会社の株式の価値も棄損されることになる。

　組織再編対価が著しく不当な場合は，「原告が有する被告会社の株式の価値が著しく希釈化される」などが考えられる。

(7)　効　果

　請求原因充足の効果は，次のとおりである。

> 「よって，原告αは被告Ａ社に対し，本件吸収合併をやめることを請求することができる。」

　差止対象となる具体的な会社の行為は，時系列順に①合併契約の締結，②合併契約を承認する株主総会の招集，③当該株主総会における決議等が考えられる。

第3節　簡易手続

1　総　説

　最後に，**差止請求権が発生しない範囲**を確認する趣旨も含め，**吸収合併等における簡易手続**につき整理する。

　吸収合併等において，**株主への影響が小さいとされる一定の要件**を充足する場合，**株主総会決議は不要**とされるのみならず（784条2項・796条2項本文），株主は**差止請求権を有さず**（784条の2柱書但書・796条の2柱書但書），**株式買取請求権も有しない**（785条1項2号・797条1項但書）。以下，**対価として株式が交付される吸収分割の場合**である【設例2−3】により，**消滅株式会社等**及び**存続株式会社等**において株主総会決議が不要となる場合を確認する。

【設例2−3】

　吸収分割株式会社A社は，事業A1及び事業A2を営むところ，事業A1を吸収分割承継会社B社に承継させ，B社はその対価としてA社にB社株式を交付することとした。当該吸収分割において，両社で以下の状況が認められた。

(1)　吸収分割株式会社A社

　事業A1に伴いB社に承継させる資産の帳簿価額の合計額が，A社の総資産額の20%以下であった（A社において784条2項括弧書に係る定款の定めはない）。

(2)　吸収分割承継会社B社

　B社がA社に交付したB社株式の1株当たり純資産額に交付株式数を乗じた額は，B社の純資産額の20%以下であった（B社において796条2項柱書括弧書に係る定款の定めはない）。

2　消滅株式会社等の場合（784条2項）

784条（吸収合併契約等の承認を要しない場合）

　（1項省略）

2　前条［吸収合併契約等の承認等］の規定は，／吸収分割により吸収分割承継会社に承継させる資産の帳簿価額の合計額が／吸収分割株式会社の総資産額として法務省令［会社則187条］で定める方法により算定される額の／5分の1（これを下回る割合を吸収分割株式会社の定款で定めた場合にあっては，その割合）を超えない場合には／適用しない。

　消滅株式会社等（782条1項により**吸収合併消滅株式会社，吸収分割株式会社及び株式交換完全子会社とされる**）のうち，**吸収合併消滅株式会社**では会社が消滅するため，**株式交換完全子会社**では株主がその株式を失うため，いずれにおいても**株主への影響**が大きい。よって，これらの場合は簡易手続を認めず，必ず株主総会決議によることとし，784条2項は「吸収分割により吸収分割承継会社に承継させる資産の帳

簿価額の合計額が吸収分割株式会社の総資産額……の5分の1を超えない場合」のみ，即ち**吸収分割株式会社**においてのみ簡易手続を可とする。3で扱う存続株式会社等の側の簡易手続（796条2項）は，吸収分割承継株式会社のみならず，吸収合併存続株式会社及び株式交換完全親株式会社でも行うことができるので，条文を読み比べて確認されたい。

　【設例2−3】(1)のような，**吸収分割株式会社**A社が吸収分割承継会社B社に承継させる資産の帳簿価額の合計額がA社の総資産額（分母が純資産額ではない点に注意）の20％（定款でこれを下回る割合の定めが可能）を超えない場合，A社の**株主への影響**は小さい。そのため，A社では株主総会決議は不要であるとともに（784条2項），A社の株主は差止請求権を有さず（784条の2柱書但書），株式買取請求権も認められない（785条1項2号）。

　事業譲渡の譲渡会社において，譲渡会社の総資産額の20％以下との形式的軽微性基準を満たせば事業の重要な一部の譲渡に該当せず，株主総会決議を不要とする467条1項2号括弧書と平仄を合わせる趣旨と解される（**第1編第5章第2節4**参照）。

3　存続株式会社等の場合（796条2項本文）

796条（吸収合併契約等の承認を要しない場合等）
　（1項省略）
2　**前条第1項から第3項までの規定**［吸収合併契約等の株主総会決議による承認等］は，／**第1号に掲げる額の**／**第2号に掲げる額に対する割合が**／**5分の1**（これを下回る割合を存続株式会社等の定款で定めた場合にあっては，その割合）**を超えない場合には，**／**適用しない。**／ただし，**同条第2項各号に掲げる場合**［差損が生じる場合］／**又は前項ただし書に規定する場合**［対価の全部又は一部が譲渡制限株式である場合であって，存続株式会社等が非公開会社であるとき］**は，**／**この限りでない。**

　一　次に掲げる額の合計額
　　イ　吸収合併消滅株式会社若しくは株式交換完全子会社の株主，吸
　　　収合併消滅持分会社の社員又は吸収分割会社（以下この号におい
　　　て「消滅会社等の株主等」という。）に対して交付する存続株式会
　　　社等の株式の数に一株当たり純資産額を乗じて得た額
　　ロ　消滅会社等の株主等に対して交付する存続株式会社等の社債，
　　　新株予約権又は新株予約権付社債の帳簿価額の合計額
　　ハ　消滅会社等の株主等に対して交付する存続株式会社等の株式等
　　　以外の財産の帳簿価額の合計額
　二　存続株式会社等の純資産額として法務省令で定める方法により算
　　定される額
3　前項本文に規定する場合において，／法務省令〔会社則197条〕で定め
　る数の株式（前条第1項の株主総会〔吸収合併契約等を承認する株主総会〕
　において議決権を行使することができるものに限る。）を有する株主
　が／第797条第3項の規定による通知又は同条第4項の公告〔吸収合併等
　をする旨の通知・公告〕の日から2週間以内に／吸収合併等に反対する旨
　を存続株式会社等に対し通知したときは，／当該存続株式会社等は，
　／効力発生日の前日までに，／株主総会の決議によって，／吸収合併
　契約等の承認を受けなければならない。

　存続株式会社等B社が消滅株式会社等A社に交付する対価の帳簿価
格（株式の場合は1株当たり純資産額に交付株式数を乗じた額）が，B
社の純資産額の20％（定款でこれを下回る割合の定めが可能）を超え
ない場合，B社の**株主への影響**は小さい。そのため，原則としてB社
では株主総会決議は不要であるとともに（796条2項本文），B社の株主は
差止請求権を有さず（796条の2柱書但書），株式買取請求権も認められな
い（797条1項但書）。このように，存続株式会社等の側の簡易手続（796条
2項本文）は，吸収分割承継株式会社のみならず，吸収合併存続株式会
社及び株式交換完全親株式会社でも行われ，消滅株式会社等の側の簡

易手続（784条2項）が吸収分割株式会社のみでしか行われない点と異なる（2参照）。

　なお，①差損が生じる場合（795条2項各号），②対価の全部又は一部が譲渡制限株式である場合で存続株式会社等が非公開会社であるとき（796条1項但書），及び，③株主総会が開かれたなら承認決議が否決される可能性がある程度の数（6分の1超等）を有する株主からの反対通知がある場合は例外とされ（796条3項），株主総会決議を要するとともに，B社株主に差止請求権（796条の2柱書但書括弧書）や，株式買取請求権（797条1項但書括弧書）が認められる。

　③は，事業全部譲受けに関する468条3項と平仄を合わせる趣旨と解される（**第1編第5章第3節3**参照）。

第3編　役員等の会社に対する責任

第1章　総　説

1　種　類

　会社法は，役員等に会社に対する責任を負わせる規定を多く置いているが，本書では次の2つの類型に分けて整理している。

（1）　任務懈怠により負う責任

　まず，役員等がその「任務を怠った」（423条1項）（以下「任務懈怠」という）ことにより責任を負う**任務懈怠責任**（423条1項）がある。その法的性質は**不完全履行**による**債務不履行責任**（**民415条**）の特則であり（最判平成20・1・28民集62巻1号128頁，松田245頁，類型別Ⅰ206頁），**役員等の職務執行全般**を広くカバーする。

（2）　特定の行為に関与したことにより負う責任

　次に，責任の原因となる特定の行為（以下「**原因行為**」という）に「**関与した**」取締役等として「**法務省令で定める者**」が会社に対して責任を負う，**表の①～⑨の責任**がある。

【関与型の責任】

		原因行為	受益者の責任	取締役等の責任
①	設立	価格が不足する現物出資	発起人（52Ⅰ）	発起人・設立時取締役（52Ⅰ）
②		出資の履行の仮装	発起人（52の2Ⅰ），引受人（102の2）	関与した発起人・設立時取締役（52の2Ⅱ・103Ⅱ）
③		株主等の権利の行使に関する利益供与	利益の供与を受けた者（120Ⅲ）	関与した取締役（120Ⅳ）

④	募集株式の発行等	価格が不足する現物出資	引受人（212 I ②）	関与した取締役（213 I）
⑤		出資の履行の仮装	引受人（213の2 I）	関与した取締役（213の3 I）
⑥	新株予約権の発行	価格が不足する現物出資	新株予約権者（285 I ③）	関与した取締役（286 I）
⑦		払込又は給付の仮装等	新株予約権を行使した新株予約権者（286の2 I）	関与した取締役（286の3 I）
⑧	分配可能額を超える剰余金の配当等		金銭等の交付を受けた者（462 I）	関与した取締役（462 I）
⑨	事後的に欠損が生じた剰余金の配当等			職務を行った業務執行者（465 I）

　これらの責任の法的性質は，法律が特に定めた責任（以下「**特別法定責任**」ということがある）であることが多く，特定の原因行為により利益を受けた者（以下「**受益者**」という）も⑨の場合を除き責任を負う。任務懈怠責任（423条1項）が役員等の職務執行全般を広くカバーするのに対し，これらはいずれも特定の原因行為に関与したことにより負う責任であることから，本書では**関与型の責任**と呼ぶこととする。

　この点，②〜⑧は条文で「関与した」取締役として責任を負う者が法務省令で定められ，明確にこの類型に当たる。また，①は④と同様の責任であるため，⑨は責任を負う者が⑧に準じるため，②〜⑦と同じく関与型の責任と解される。**第3章以下**で取り扱うが，まず**2**で関与型の責任の特徴を俯瞰する。

第3編

2　関与型の責任

(1)　受益者の責任

　まず，いずれの場合も原因行為による受益者がおり，前記①〜⑧では表のとおり**受益者の責任**が定められている。このような受益者の責任の**請求原因**は，基本的に次のとおりの構成となっている。

> Kg1　原因行為
> Kg2　原因行為により受益者が支払義務を負う額等（以下「受益者の支払額等」と略する）

(2)　関与した取締役等の責任

　次に，関与した取締役等は，原因行為に関与したため所定の支払義務を負う建付けとなっており，その**請求原因**は次のとおりである。

> Kg1　原因行為
> Kg2　原因行為への取締役等の関与行為（以下「取締役等の関与行為」と略する）
> Kg3　関与した取締役等が支払義務を負う額（以下「取締役等の支払額」と略する）

　このように，**関与した取締役等の責任**の請求原因は，基本的に**受益者の責任**の請求原因に**取締役等の関与行為（Kg2）**が加わった構成となっている（但し**受益者の支払額等**と**取締役等の支払額**の内容が異なる場合がある。後出(4)参照）。この点より，関与型の責任が問題となる場合，まず**受益者の責任**を検討し，その後に原因行為に**関与した取締役等の責任**を検討する順序が適しており，**第3章以下で①〜⑤及び⑧を取り扱う際**（⑥と⑦はそれぞれ④と⑤に準じるため省略），まず**受益者の責任**を検討し，次に関与した**取締役等の責任**を検討する。

(3)　取締役等の関与行為（Kg2）

　取締役等の関与行為（Kg2）は，②では**会社法施行規則7条の2**，③では同21条，④では同44条〜46条，⑤では同46条の2，⑥では同60条〜62

条，⑦では同62条の2，⑧では同116条を経由した**会社計算規則160条・
161条**が定める。書振りが異なる場合があるが，内容は基本的に同じ
であり，例えば会社法施行規則46条の2は同21条を参考に規定された
（一問一答平成26年改正157頁（注1））。そこで，③**株主等の権利の行使に
関する利益供与**（120条4項）の場合の**会社法施行規則21条**を例に，3つの
場合に分けて整理する。

　まず，利益供与が**取締役会決議又は株主総会決議に基づかずに行わ
れた場合**，

㋐　**利益供与に関する職務を行った取締役**（会社則21条1号）

が責任を負う。次に，利益供与が**取締役会決議に基づいて行われた場
合**，責任を負う取締役は，

㋐　**利益供与に関する職務を行った取締役**（会社則21条1号）

㋑　**取締役会の決議に賛成した取締役**（同条2号イ）

㋒　**取締役会に当該利益供与議案を提案した取締役**（同号ロ）

である。最後に，利益供与が**株主総会決議に基づいて行われた場合**，
責任を負う取締役は，

㋐　**利益供与に関する職務を行った取締役**（会社則21条1号）

㋑　**株主総会に当該利益供与議案を提案した取締役**（同条3号イ）

㋒　**非取締役会設置会社の場合：㋑の議案の提案の決定に同意した取
締役**（同号ロ）
　　**取締役会設置会社の場合：㋑の議案を提案する取締役会決議に賛成
した取締役**（同号ハ）

㋓　**株主総会において当該利益供与に関する事項につき説明をした取
締役**（同号ニ）

である（**第3章以下の該当箇所参照**）。㋐は各場合に共通する関与行為で，
これに各場合で㋑以下が加わる。なお，ある取締役がこれらの複数に
該当する場合がある。

　(4)　取締役等の支払額（Kg3）

　取締役等の支払額（Kg3）は，**受益者の責任**における**受益者の支払額等（Kg2）**と基本的に同じである。もっとも，③**株主等の権利の行使に関する利益供与**及び⑧**分配可能額を超える剰余金配当等**の場合，両者は異なるので注意が必要である（**第3章第2節1及び第3節3，第6章第3節2参照**）。

　(5)　抗　弁

　取締役等は，無過失責任を負う一部の者を除き，「**職務を行うについて注意を怠らなかった**」ことを証明した場合は免責される（52条の2第2項但書・103条2項但書・120条4項但書・213条2項2号・213条の3第1項但書・286条2項2号・286条の3第1項但書・462条2項）。つまり，このような場合の関与型の責任は，いずれも**立証責任が取締役等に転換された過失責任**となっている。

　(6)　任務懈怠責任（423条1項）**との関係**

　関与した取締役等については，**法令違反**等による任務懈怠（423条1項）が認められる場合が多いが，受益者に対する責任を追及できるなら会社に原則として損害はなく，その範囲では任務懈怠責任は成立しないと解される。もっとも，例えば会社の損失を回復するために支出した弁護士費用相当損害金が生じていれば，関与型の責任とあわせて**任務懈怠責任（423条1項）**を主張する実益があろう。

　他方，**取締役等の関与行為（Kg2）が認められない取締役**については，**監視義務違反**等に基づく**任務懈怠責任（423条1項）**を検討する余地がある。

3　株主代表訴訟

　役員等の会社に対する責任は，本来なら会社自身が追及すべきだが，馴れ合いのため提訴されず，あるいは提訴されても真摯な訴訟追行が

なされないおそれがある。そのため株主代表訴訟が準備され，その対象となる「**役員等の責任を追及する訴え**」(847条1項本文) には，**任務懈怠責任** (423条1項) や**関与型の責任**のような会社法が定める取締役等の責任を追及する訴えが含まれることに争いはない (請求原因につき類型別 I 266頁)。

次に，関与型の責任に関連する**受益者の責任**のうち，② (102条の2第1項)，③ (120条3項)，④ (212条1項)，⑤ (213条の2第1項)，⑥ (285条1項) 及び⑦ (286条の2第1項) の責任も株主代表訴訟により追及できる (847条1項)。これらは取締役の責任とセットで問題となり，会社による真摯な責任追及がなされないおそれがあるためである。なお，⑧ (462条1項) につき株主代表訴訟が許されないのは，むしろ会社債権者の保護を目的とするためで，代わりに会社の債権者が株主に直接支払を請求する手段 (463条2項) が用意されている。

ちなみに，**会社法の規定とは無関係に役員等が会社に対して負う責任を追及する訴えも「役員等の責任を追及する訴え」(847条1項本文) に含まれるか**，争いがある。判例は，**取締役の会社に対する取引債務**につき肯定しつつ，不動産の所有権に基づく移転登記手続請求につき否定するが (最判平成21・3・10民集63巻3号361頁〈百選64事件〉)，これら以外についてはなお不明確な状況である。

第2章　任務懈怠責任 (423条1項)

第1節　総　説

1　法的性質及び要件事実

423条 (役員等の株式会社に対する損害賠償責任)
1　取締役，会計参与，監査役，執行役又は会計監査人 (以下この章に

おいて「役員等」という。）は，／その任務を怠ったときは，／株式会
社に対し，／これによって生じた／損害を／賠償する責任を負う。
（2項以下省略）

(1)　法的性質

任務懈怠責任（423条1項）は，前記のとおり，委任契約の受任者たる
役員等の**不完全履行**による**債務不履行責任**（民415条）から内容が加重
された特殊な責任である。**会社の損害の回復**及び**会社経営の健全性の
確保**を趣旨として要件事実が変容され（423条・428条），責任免除の制限
（424条～427条）及び連帯責任（430条）に関する特則が設けられる。

(2)　債務不履行による損害賠償請求権の要件事実

まず，債務不履行による損害賠償請求権（民415条1項本文）の**請求原
因**は，次のとおりである（類型別Ⅰ220頁）。

Kg1　基礎となる債権の発生原因事実
Kg2　債務不履行
Kg3　損害の発生及びその数額（以下「損害」と略する）
Kg4　Kg2及びKg3の間の相当因果関係の存在（以下「因果関係」と略する）

抗弁として**帰責事由不存在**があり（民415条1項但書），任務懈怠責任に
引き継がれる（428条）。

この点，「責めに帰すべき事由」（平成29年改正前民法415条）（以下「**帰
責事由**」という）は，伝統的に「**故意，過失又は信義則上これと同視
すべき事由**」とされていた。平成29年民法改正により，「契約その他の
債務の発生原因及び取引上の社会通念に照らして債務者の責めに帰す
ることができない事由」（民415条1項但書）との定めに整えられた（以下
帰責事由がない旨の抗弁を「**帰責事由不存在の抗弁**」という）。

(3)　任務懈怠に基づく損害賠償請求権の要件事実

その特則である任務懈怠による損害賠償請求権（423条1項）の**請求原**

因は，次のとおりである（類型別Ⅰ203頁）。以下，**取締役による任務懈怠の場合**を前提に整理する。

> Kg1　取締役の任務懈怠
> （1）　取締役
> 「被告は，原告会社の取締役である。」
> （2）　任務懈怠
> 「被告は，……し，その任務を怠った。」
> Kg2　損害・Kg3　因果関係
> 「当該任務懈怠と因果関係が認められる原告会社の損害は，金〇〇〇〇万円である。」

　請求原因レベルで，まず，「任務を怠ったとき」（423条1項）（「**任務懈怠**」と称される）は，**法令又は定款に違反する行為**（旧商法266条1項5号）と同義とされ（類型別Ⅰ206頁・208頁），**利益相反取引**につき一定の取締役の**任務懈怠**を**推定**する特則がある（423条3項）（**第2節第3款及び第3節第3款**で扱う）。また，損害につき，**356条1項**に違反する**競業取引規制**の場合にこれを**推定**する特則がある（423条2項）（**第2節第2款**で扱う）。

　抗弁レベルでは，「責めに帰することができない事由」による**免責**（428条1項）（**帰責事由不存在の抗弁**），423条2項・3項の推定の覆滅等がある（その他も含め4で取り扱う）。

2　法令定款違反と善管注意義務違反

　この点，最判平成12・7・7民集54巻6号1767頁［野村証券損失補填事件］〈百選47事件〉は，「**法令**」（旧商法266条1項5号（会社法423条1項に相当））につき**非限定説**に立つとともに，法令違反と善管注意義務違反の場合の要件事実を分ける**二元説**を採用した。会社法の下では，以下のとおりとなろう（類型別Ⅰ208頁・209頁・220～223頁）。

　すなわち，「法令」(旧商法266条1項5号) には，①取締役の受任者としての一般的義務である善管注意義務 (330条, 民644条) 及び忠実義務 (355条) に係る規定, ②これを具体化する形で取締役がその職務執行に際して遵守すべき義務を個別に定める取締役を名宛人とする個別規定のみならず, ③会社法その他の法令中の, 会社を名宛人とし会社がその業務を行うに際して遵守すべき全ての規定も含まれる。その上で, ③の規定を遵守すべき義務に違反し会社をして③の規定に違反させる行為をすれば, ①の一般規定に定める義務に違反することになるか否かを問うまでもなく「任務懈怠」(423条1項) に該当し, 被告が抗弁として帰責事由の不存在を主張立証することを要する。

　判例によれば, 任務懈怠責任の要件事実は, **法令定款違反の事件類型** (以下「**法令定款違反型**」という) と, 法令定款違反がなく**善管注意義務違反が問題となる事件類型** (以下「**善管注意義務違反型**」という) で異なる。以下, 筆者の個人的な整理を記す。

3　請求原因

(1)　法令定款違反型の請求原因

　法令定款違反型の請求原因は, 以下のとおりである (松田251頁, 類型別Ⅰ203頁)。

Kg1　取締役の任務懈怠

(1)　取締役

「被告は, 原告会社の取締役である。」

(2)　任務懈怠：法令定款違反

「被告は, 法令又は定款に違反し, その任務を怠った。」

Kg2　損害・Kg3　因果関係

「当該任務懈怠と因果関係が認められる原告会社の損害は, 金〇〇〇〇万円である。」

　原告が**請求原因**で**法令定款違反**の事実（**ブロックダイアグラム**上段の**Kg**）を主張し，その立証に成功すれば被告は即時に**任務懈怠**ありとされ，原告は被告の善管注意義務違反や故意・過失を主張立証する必要はない。

　これに対し被告は，**抗弁**として**帰責事由不存在**の**評価根拠事実**（**ブロックダイアグラム**上段の**E**）を主張立証することを要する（428条1項）。

【任務懈怠責任のブロックダイアグラム】（※松田252頁を基に著者がアレンジ）

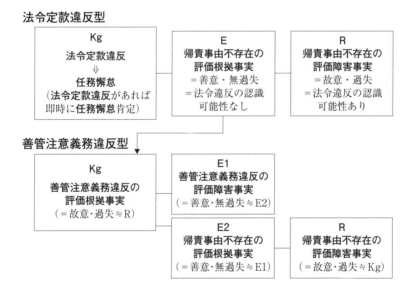

法令定款違反型

Kg	E	R
法令定款違反 ⇓ 任務懈怠 （**法令定款違反**があれば即時に**任務懈怠**肯定）	帰責事由不存在の 評価根拠事実 ＝善意・無過失 ＝法令違反の認識 可能性なし	帰責事由不存在の 評価障害事実 ＝故意・過失 ＝法令違反の認識 可能性あり

善管注意義務違反型

Kg	E1	
善管注意義務違反の 評価根拠事実 （＝故意・過失≒R）	善管注意義務違反の 評価障害事実 （＝善意・無過失≒E2）	
	E2 帰責事由不存在の 評価根拠事実 （＝善意・無過失≒E1）	R 帰責事由不存在の 評価障害事実 （＝故意・過失≒Kg）

（2）　善管注意義務違反型の請求原因

　法令定款違反がない場合，善管注意義務違反を主張することとなるが，その請求原因は以下のとおりである（松田251頁，類型別Ⅰ203頁。下線は法令定款違反型と異なる箇所）。

Kg1　取締役の任務懈怠
(1)　取締役
「被告は，原告会社の取締役である。」
(2)　任務懈怠：善管注意義務違反
「被告は，……すべき善管注意義務に違反し，その任務を怠った。」
Kg2　損害・Kg3　因果関係
「当該任務懈怠と因果関係が認められる原告会社の損害は，金○○○○
万円である。」

　原告は，**請求原因**として，被告の**善管注意義務違反の評価根拠事実**
（ブロックダイアグラム下段の**Kg**）により，任務懈怠を主張立証する
ことを要する。なお，役員の**善管注意義務**は，**役員の地位と状況にあ
る者に通常期待される程度の注意義務**などとされる（高橋和之・伊藤眞・
小早川光郎・能見善久・山口厚編『法律学小辞典［第5版］』783頁（有斐閣，平成
28年））。

　これに対し被告は，**抗弁**として，まず**善管注意義務違反の評価障害
事実**（ブロックダイアグラム下段の**E1**）を主張立証することとなる。

　また，被告は，抗弁として**帰責事由不存在の評価根拠事実**（ブロッ
クダイアグラム下段の**E2**）を主張立証することができる（428条1項）。
これと**善管注意義務違反の評価障害事実E1**の関係につき諸説あるが，
両者の内容はほぼ同じであろう（松田254頁，前田33頁・74頁・212頁）。

　理論上は，原告が**再抗弁**として，E2に対する**帰責事由不存在の評価
障害事実**（ブロックダイアグラム下段の**R**）を主張立証することとな
る。なお，これと**善管注意義務違反の評価根拠事実Kg**の内容は，ほぼ
同じであろう（松田253頁）。

　諸説あるが，筆者としては，**規範的要件事実**である**善管注意義務違反**
の存否は，**善管注意義務違反の評価根拠事実Kg**と同**評価障害事実E1**

が**請求原因レベル**で表裏一体的にあわせて判断され，**帰責事由不存在
の評価根拠事実E2**や**同評価障害事実R**の判断もこれらの中に実質的
に組み込まれるのではと整理している（以上につき松田251〜254頁参照）。

（3）　効　果

請求原因充足の効果は，以下のとおりである。

> 「よって，原告会社は被告に対し，金○○○○万円の賠償を請求するこ
> とができる。」

複数の取締役が責任を負う場合，**連帯債務者**となる（430条）。

4　抗　弁

任務懈怠責任に関する主な抗弁は，以下のとおりである（**第2節以
降**では繰り返さない）。

（1）　帰責事由不存在

まず，**法令定款違反型**では，原告の**法令定款違反**の主張立証により
任務懈怠が認定されれば，被告が**抗弁**として**帰責事由不存在**を主張立
証することを要する。その具体的中身は，**法令定款に違反するとの認
識を有するに至らなかったことに関するやむを得ない事情**となろう
（前出最判平成12・7・7［野村証券損失補填事件]〈百選47事件〉，松田251頁）。
この帰責事由不存在の抗弁が認められる場合でも，当該行為をしたこ
とが著しく不合理であるなどすれば，別に善管注意義務違反による任
務懈怠責任が問われる余地がある（森本122頁）。

これに対し，**善管注意義務違反型**では，前述のとおり，請求原因の
善管注意義務違反の評価根拠事実Kgと抗弁の**善管注意義務違反の評
価障害事実E1**が**請求原因レベル**で表裏一体的にあわせて判断され，

抗弁の**帰責事由不存在の評価根拠事実E2**や再抗弁の**帰責事由不存在の評価障害事実R**の判断もこれらの中に同時に組み込まれると解される（以上につき松田251〜254頁参照。なお，類型別I223頁，森本72頁参照）。

　いずれの類型においても，**自己取引をした取締役**は，帰責事由不存在による免責が許されない（428条1項）。自己の利益のため会社に損害を与えながら，無過失を理由に免責されることは適当でないからである（田中291頁）。なお，**「自己のため」(428条1項括弧書)**につき，356条1項2号の場合は自己の名義でと解するのが多数説だが，428条1項は利益が帰属する者に厳格な責任を負わせる趣旨であるから，自己の計算での意味とする計算説が有力である（伊藤靖史・伊藤雄司・大杉謙一・齊藤真紀・田中亘・松井秀征『事例で考える会社法［第2版］』253頁［齊藤真紀］（有斐閣，平成27年），コンメンタール9巻336頁［北村雅史］，論点体系3巻431頁［中村信男］参照）。

　(2)　利益相反取引による任務懈怠の推定（423条3項）の覆滅

　利益相反取引については，任務懈怠の推定（423条3項）の覆滅が抗弁となる。

　この点，**423条3項1号**と**428条1項**をあわせ読むと，自己取引をした取締役は，帰責事由不存在の抗弁を主張できないが（428条1項），任務懈怠の推定を覆滅して責任を免れることができるかのように読める（423条3項1号）。**自己取引をした取締役が任務懈怠の推定を覆滅して責任を免れることができるか**につき，諸説あるが，実務では，会社再建のため取締役が設立した一人会社に会社所有の不動産を売却してリースバックするなど，実質的に会社の利益を図る行為が形式的には自己取引に該当する場合がある。このような場合，自己取引をした取締役の任務懈怠の推定の覆滅を許す余地ありと解される。

(3)　356条1項に違反する競業取引による損害の推定（423条2項）の覆滅

　356条1項に違反する競業取引につき，損害の推定（**423条2項**）の覆滅が抗弁となる（**第2節第2款3**参照）。

(4)　寄与度による因果関係の割合的認定

　交通事故や医療過誤の事案では，寄与度に応じて因果関係を割合的に認定し，損害額を減じる裁判例がある。任務懈怠責任の事例においても，取締役の個別的な違法行為への寄与度に応じて因果関係を割合的に認定し，責任の限定を図る裁判例がある（東京地判平成8・6・20判時1572号27頁，大阪地判平成12・9・20判時1721号3頁［大和銀行事件］，大阪地判平成16・12・22判時1892号108頁。類型別Ⅰ220頁参照）。

(5)　過失相殺

　裁判例には，他の取締役や取締役を補佐する従業員の職務懈怠や，会社の組織上の欠陥等を不問に付したまま当該取締役の責任のみを追及するのは公平でないことを理由に，過失相殺（民418条）により賠償額を減額するものがある（大阪地判平成20・4・18判時2007号104頁［ナナボシ事件］〈百選71事件〉）。なお，他の取締役の過失により過失相殺をすることは取締役に連帯債務（430条）を負わせる会社法の趣旨に反する，取締役間の公平な損害の分担は求償権により解決すべきなどを理由として，過失相殺に消極的な見解もある（類型別Ⅰ218頁・219頁参照）。事案の内容により，過失相殺の可否を公平の理念より使い分けることとなろう。

(6)　損益相殺

　任務懈怠責任は基本的に債務不履行責任であるから，損益相殺が働く余地はある。例えば，被告に違法行為がなければ支給された可能性のある1億円近い退職慰労金の支払を，違法行為の発覚により免れたとして，損益相殺的要素を加味して会社の損害額を認定した例がある

（福岡地判平成8・1・30判タ944号247頁。認めなかった例として最判平成5・9・9
民集47巻7号4814頁〈百選19事件〉）。

　なお，東京地判平成6・12・22判時1518号3頁は，贈賄により工事を
受注することで利益を得た事案において，**損害を直接に填補する目的，
機能を有する利益**でなければ，**損害の原因行為**との間に**法律上相当な
因果関係**があるとはいえないとの基準を示した上で，会社が得た利益
は，工事の施工による利益であって，例えば賄賂が返還された場合の
ように贈賄による損害を直接に填補する目的，機能を有する利益では
ないからとして，損益相殺を認めなかった。同判決によれば，損益相
殺の要件事実は以下のようになろう。

1　利　益
「会社は〇〇〇〇万円の利益を得たところ，」
2　因果関係
「当該利益と損害の原因行為との間に法律上相当な因果関係がある。」

（7）　免　除

　取締役が会社に対して負う損害賠償債務の免除は，取締役会の承認
（365条1項・356条1項2号）を得て行えるのが原則である。しかし，それ
では損害填補及び違法抑止との制度趣旨を損なうなどの理由から，任
務懈怠責任の全部又は一部の免除につき**424条〜427条**で特則が設けら
れている。

（8）　消滅時効

　損害賠償債務（423条1項）の消滅時効については，一般債権の消滅時
効に係る民法166条の定めに従う（前出最判平成20・1・28）。

（9）　その他

　その他に，**違法性阻却事由**（正当防衛等）や**責任阻却事由**（適法行
為の期待可能性の不存在等）も，取締役の責任を否定する事由となり
得る（百選47事件の解説［南健悟］参照）。

5　任務懈怠責任の類型

【任務懈怠責任全体図】

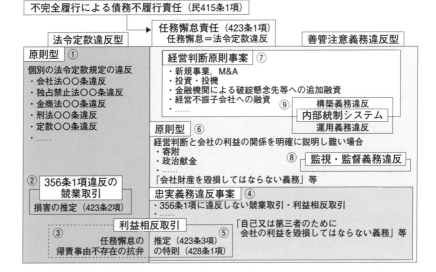

(1)　総　説

　423条1項の条文はシンプルだが，その要件事実は，まず**法令定款違反型**（図の左側の濃い網掛部分）と**善管注意義務違反型**（図の右側）に分かれ，それぞれの中でも更に分かれる。本書では，任務懈怠責任の要件事実の類型的な整理を試みているが，事案が「どの類型に当たるか」と，「当該類型の場合の要件事実」を意識する必要がある。

(2)　法令定款違反型

　「どの類型に当たるか」を検討する順序は，**法令定款違反型**から，まず個別具体的な法令定款の違反である**原則型**（図の①）を検討し，次に，その中でも要件事実が変容する**356条1項違反の競業取引**（同②）及び**利益相反取引**（同③）の順に検討する。

(3)　善管注意義務違反型

　法令定款違反がなければ**善管注意義務違反型**を検討することとなる

が，その場合，まず，厳しい審査基準が適用される**忠実義務違反事案**（同④）か否かを検討し，その中でも**利益相反取引**（同⑤）であれば要件事実が変容する。忠実義務違反事案でなければ**善管注意義務違反事案**（同⑥）となるが，その中でも経営判断原則が適用される**経営判断原則事案**（同⑦）では，経営判断の過程に比重を置いた審査基準が適用される（森本29頁参照）。

任務懈怠の審査規範が，①→⑦の順に緩和される（**図の網掛の色の濃淡は濃いほど取締役に厳しい判断規範が適用される**との趣旨）。このような検討順序が，取締役の責任を追及する原告側の思考に合うのではとの趣旨である。

ここまでは**直接任務懈怠をした取締役の責任の検討だが，他の取締役や従業員の不正等を阻止できなかった取締役**については，このような不作為につき**監視・監督義務違反**（同⑧）を検討する。監視・監督義務違反を問うことができない役員等については，**内部統制システム構築・運用義務違反**（同⑨）を検討することとなる。

筆者の個人的な整理にすぎないが，一言で「任務懈怠責任」といっても要件事実が①～⑨で異なっており，以下で取り扱う順序も概ね①～⑨の順としている（森本29頁参照）。

第2節　法令定款違反型

第1款　原則型

1　総説

法令定款違反型では，まず個別の法令定款規定に違反する場合である**原則型**を検討する。次に，当該違反する規定が356条1項である場合は特則があるので，**356条1項に違反する競業取引**（423条2項）及び356条

1項に違反する利益相反取引（423条3項・428条）を検討する（類型別Ⅰ187頁参照）。本款では，まず原則型を確認する。

2　請求原因

（1）　要件事実（類型別Ⅰ203頁・485頁（訴状例）参照）

> **Kg1　取締役の任務懈怠（法令定款違反）**
> （1）　取締役
> 「被告は，原告会社の取締役である。」
> （2）　法令定款違反
> 「被告は，……との法令又は定款に違反し，その任務を怠った。」
> **Kg2　損害・Kg3　因果関係**
> 「当該任務懈怠と因果関係が認められる原告会社の損害は，金〇〇〇〇万円である。」

（2）　Kg1（2）：法令定款違反

法令違反の例として贈賄（前出東京地判平成6・12・22），独占禁止法違反（前出最判平成12・7・7［野村証券損失補填事件］〈百選47事件〉），親会社の取締役が子会社に指図して親会社株式を取得させる行為（135条1項違反。最判平成5・9・9民集47巻7号4814頁［三井鉱山事件］〈百選19事件〉。その場合の損害の認定等につき百選19事件の解説［宮崎祐介］参照），必要な取締役会決議を欠く重要な財産の処分（362条4項1号）等があり，外国法の違反も含まれる。定款違反の例としては，定款所定の招集期間より短い期間しか設けずに招集通知を発して重要な財産の処分を取締役会で決議する場合等が考えられる。

3　抗　弁

第1節4で確認したとおり，帰責事由不存在が抗弁となり，その具体的内容は法令定款に違反するとの認識を有するに至らなかったことに関するやむを得ない事情である（前出最判平成12・7・7［野村証券損失補填

事件〕〈百選47事件〉）。コンプライアンスが重視される現状では，免責される可能性はさほど期待できないであろう（百選47事件の解説［南健悟］参照）。

第2款　356条1項に違反する競業取引

1　競業取引

(1)　推定規定

> 423条
> （1項省略）
> **2　取締役又は執行役が／第356条第1項**［競業取引及び利益相反取引の制限］
> （第419条第2項［執行役への準用］において準用する場合を含む。以下
> この項において同じ。）の規定に違反して／**第356条第1項第1号の取引**
> ［競業取引］**をしたときは，／当該取引によって取締役，執行役又は第**
> **三者が得た利益の額は，／前項の損害の額と推定する。**
> （3項以下省略）

　競業取引と因果関係がある会社の逸失利益を立証することは容易でないため，356条1項に違反して（上記条文の傍点部分に注意）競業取引が行われた場合の**損害推定規定（423条2項）**が準備される。356条1項に違反しない競業取引の場合でも，善管注意義務に違反すれば任務懈怠責任が生じるが，この場合には423条2項は適用されない。

　以下で**競業取引**の範囲を確認した上で，**2**で**請求原因**を整理する。

(2)　競業取引

> 356条（競業及び利益相反取引の制限）
> 1　取締役は，／次に掲げる場合には，／株主総会において，／当該取
> 引につき重要な事実を開示し，／その承認を受けなければならない。
> 一　取締役が／自己又は第三者のために／株式会社の事業の部類に属
> する取引をしようとするとき。

　（二号以下省略）
　（2項省略）

　競業取引とは，①取締役が，②自己又は第三者のために行う，③株
式会社の事業の部類に属する取引である（356条1項1号）。取締役が競業
取引をすれば，**会社が取引機会を奪われ損害を被るおそれがある**ため，
重要な事実（その具体的内容は**会社に及ぶ影響を判断するため必要な
事実**）を開示した上で事前承認を要するとの予防的・形式的規制が敷
かれる。以下，3つの要件のポイントを確認する。

　(3)　要件1：「取締役」による取引

　取締役自身が競業取引をするのでなければ，規制対象とならない。

　しかし，取締役が部下や親族等を同業他社の代表取締役等に就かせ，
人的物的に援助して**事実上の主宰者**として当該他社を支配するなど，
自ら競業取引をする場合と同視できる場合，当該取締役は競業避止義
務に違反するとする裁判例がある（東京地判昭和56・3・26判時1015号27頁
［山崎製パン事件］〈百選53事件〉，名古屋高判平成20・4・17金判1325号47頁他）。

　(4)　要件2：「自己又は第三者のため」

　「自己又は第三者のため」とは，自己又は第三者の名において（名
義説）ではなく，自己又は第三者の**計算において**（**計算説**）とするの
が多数説である。会社の利益を害することの防止が規制目的であるこ
と，違反の効果が損害額の推定（423条2項）であることなどが根拠とさ
れる。

　(5)　要件3：「株式会社の事業の部類に属する取引」

　「株式会社の事業の部類に属する取引」とは，**会社が実際にその事
業において行っている取引と目的物及び市場（地域又は流通段階等）
が競合する取引**などとされる（LQ230頁［伊藤靖史］）。もっとも，会社が
実際に行っていなくても，進出を企図し市場調査等の準備を進めてい
た地域における同一商品の販売も規制対象となる（前出東京地判昭和56・
3・26〈百選53事件〉参照）。

2　請求原因

　以上より，365条1項・356条1項1号に違反する競業取引を行った取締役の任務懈怠責任の請求原因は，推定規定（423条2項）を使えば次のとおりである（類型別Ⅰ203頁・487頁（推定規定（423条2項）を用いない場合の訴状例）参照）。

（1）　要件事実（取締役会の承認を欠く場合）

> Kg1　取締役の任務懈怠：356条1項違反
> （1）　取締役
> 「被告は，原告会社の取締役である。」
> （2）　競業取引
> 「被告は，……との取引を行った。」
> ①　自己又は第三者の計算
> 「当該取引は被告又は第三者の計算で行われた。」
> ②　事業の部類の属する取引
> 「当該取引と原告会社が行っている取引は，目的物及び市場が競合する。」
> （3）　365条1項・356条1項1号違反
> 「被告は，当該取引につき重要な事実を開示して原告会社の取締役会の承認を得ることをしていない。」
> 　「よって，被告は356条1項に違反し，その任務を怠った。」
> Kg2　損害・Kg3　因果関係
> 「被告は当該取引により金〇〇〇〇万円の純利益を得たから，原告会社は同額の損害を被ったものと推定される。」

（2）　Kg2・Kg3：「取締役又は第三者が得た利益の額」

　「取締役又は第三者が得た利益の額」（423条2項）については，これらの者が現実に得た**純利益**の額を，競業取引開始から会社が損害を回復するに必要な期間分につき主張立証することとなる（類型別Ⅰ235頁）。

3　抗　弁

　推定規定（423条2項）に基づく主張に対し，被告取締役は原告会社が
被った実損害額がより低額であることを主張立証し，**推定覆滅**を図る
こととなる。例えば，競業取引をした取締役の個人的寄与による業績
に対応する部分につき，相当因果関係が否定され得る（東京地判平成3・
2・25判時1399号69頁）。

第3款　356条1項に違反する利益相反取引

1　利益相反取引

(1)　請求原因の構成方法

423条

（1〜2項省略）

3　第356条第1項第2号又は第3号（これらの規定を第419条第2項［執行役
　への準用］において準用する場合を含む。）の取引［利益相反取引］によっ
　て／株式会社に損害が生じたときは，／次に掲げる取締役又は執行役
　は，／その任務を怠ったものと推定する。
　一　第356条第1項（第419条第2項［執行役への準用］において準用する場
　　合を含む。）の取締役又は執行役
　二　株式会社が当該取引をすることを決定した／取締役又は執行役
　三　当該取引に関する取締役会の承認の決議に賛成した／取締役（指
　　名委員会等設置会社においては，当該取引が指名委員会等設置会社
　　と取締役との間の取引又は指名委員会等設置会社と取締役との利益
　　が相反する取引である場合に限る。）

（4項省略）

　利益相反取引が356条1項に違反して行われた場合，請求原因を，①
法令違反を理由に構成する方法（以下**「法令違反構成」**という）以外
に，②推定規定（423条3項）を利用する構成（以下**「推定利用構成」**と

いう）も選択肢となる。後者では**取締役会の承認がない事実**を主張立証する必要がない点にメリットが認められるが（森本45頁・202頁），そうであれば本書の整理では**善管注意義務違反型**の主張となる。

　以下で**利益相反取引**の範囲等を確認し，**3**で請求原因を整理する。

（2）　利益相反取引

> 356条（競業及び利益相反取引の制限）
> 1　取締役は，／次に掲げる場合には，／株主総会において，／当該取引につき重要な事実を開示し，／その承認を受けなければならない。
> 　（一号省略）
> 　二　取締役が／自己又は第三者のために／株式会社と取引をしようとするとき。
> 　三　株式会社が／取締役の債務を保証することその他取締役以外の者との間において／株式会社と当該取締役との利益が相反する取引をしようとするとき。
> （2項省略）

　利益相反取引については，取締役が**会社の犠牲**において**自己又は第三者の利益を図る**おそれがあるため，重要な事実を開示した上で事前承認を要する予防的・形式的規制が敷かれる。**直接取引**（356条1項2号）と**間接取引**（同項3号）で要件が異なり，以下**【設例3−1】**を用いて整理する。

> **【設例3−1】**
> 　原告会社**X社**は，**取締役会設置会社**であり，その**取締役はY1〜Y4**の4名，**代表取締役はY1**である。X社において，取締役会の承認を得ずに，Y1がX社を代表して(1)〜(3)の取引をすることを決定し，その職務を行った。
> (1)　**Y2**に1000万円を貸し付ける金銭消費貸借契約を締結し実行した。
> (2)　**Y2**が**代表**する**A社**に1000万円を貸し付ける金銭消費貸借契約を締結し実行した。

(3)　B銀行との間で，Y2がB銀行に対して負っている1000万円の**貸金返還債務**を保証する旨の**保証契約**を締結した。

　(1)～(3)それぞれにおいて，結果としてX社は1000万円の損害を被った。

(3)　直接取引

　講学上，①取締役が，②自己又は第三者のために行う，③株式会社との取引（356条1項2号）は，直接取引と呼ばれる。なお，直接取引の中でも，取締役が自己のために行う場合は**自己取引**と称され，自己取引を行った取締役は帰責事由不存在の抗弁による免責が許されない（428条1項）。

　この点，「**自己又は第三者のため**」につき，自己又は第三者の計算においてとする計算説，**自己又は第三者の名**においてとする**名義説**があるが，判例の立場は明らかではない。学説では，規制範囲を明確にする趣旨より名義説が有力であり，以下では名義説を前提とする。もっとも，名義説の中にも諸説あり，自己又は第三者の計算で会社と取引をする場合を除外する必要はないとする（前田444頁），間接取引の場合にも428条の類推適用を認める（髙橋他204頁［髙橋美加］，LQ226頁［伊藤靖史］）などして，具体的妥当性を図っている。

(4)　間接取引

　講学上，①株式会社が，②取締役以外の者との間で行う，③株式会社と取締役の利益が相反する取引（356条1項3号）は，間接取引と呼ばれる。会社と当該取締役との「**利益が相反する**」（356条1項3号）の範囲は明確ではないが，例えば**外形的・客観的に会社の犠牲において取締役の利益が生じる**か否かが基準とされる（江頭461頁，LQ227頁［伊藤靖史］）。

　名義説の場合，第三者を介在させて規制を潜脱するおそれがあるが，そのような場合を間接取引で捕捉しつつ428条の類推適用を認める説があることは，前述のとおりである。

(5)　例　外

取締役の会社への無利息かつ無担保での金銭貸付（最判昭和38・12・6民集17巻12号1664頁），普通取引約款による一般顧客と同一条件の取引（東京地判昭和57・2・24判タ474号138頁）等**定型的に会社を害するおそれがない取引**は，規制の対象とならない。

(6)　取締役会の承認を欠く利益相反取引の効力

取締役会の承認を欠く利益相反取引は，追認されない限り無効だが，第三者が関与した場合は取引安全を図る必要がある。そのため判例は，会社が第三者に無効を主張するには，当該取引が**利益相反取引**であること，**取締役会の承認を得ていないことにつき第三者が悪意**であることを立証しなければならないとする（**相対的無効説**）（最大判昭和43・12・25民集22巻13号3511頁〈百選56事件〉，最大判昭和46・10・13民集25巻7号900頁〈百選55事件〉）。なお，第三者の悪意を立証することは難しいことなどより，第三者に**重過失**がある場合は悪意と同視されると解されている（田中246頁・258頁他）。

株主全員の合意がある場合は，有効とされる（最判昭和49・9・26民集28巻6号1306頁〈百選54事件〉）。また，会社の利益を保護する制度であるから，取締役の側から無効を主張することはできない。

(7)　【設例3－1】(1)の場合

【設例3－1】(1)の場合，X社の取締役である**Y2**は，自己の名義でX社と取引（金銭消費貸借契約）をしているため，Y2にとり「自己のため」にする直接取引（356条1項2号）即ち**自己取引**に該当する。このことは，X社を代表する取締役が誰でも（Y2以外でも）変わらない。Y1がX社を代表する場合でも，Y1がY2と結託するおそれがあるからである（【設例3－1】(2)(3)の場合でも同様）。

(8)　【設例3－1】(2)の場合

【設例3－1】(2)の場合，X社の取締役である**Y2**は，第三者A社の

代表者名義でX社と取引をしているため,「第三者のため」にする**直接取引**(356条1項2号)に該当する。

(9)　【設例3−1】(3)の場合

【設例3−1】(3)の場合,X社と取引するB銀行は,Y2自身ないしY2が代表する第三者ではなく,保証契約は直接取引(356条1項2号)に該当しない。しかし,外形的・客観的にX社の犠牲において取締役Y2の利益が生じるため,**間接取引**(同項3号)に該当する。

2　取締役会に重要な事実を開示してその承認を受けなければならない「取締役」(356条1項)

(1)　総　説

取締役会に重要な事実を開示してその承認を受けなければならない「取締役」(356条1項柱書)(以下「開示取締役」という)は,競業取引の場合は当該競業取引を行う取締役であるが,利益相反取引の場合,利益相反取引の当事者である取締役(【設例3−1】のY2),会社側で取引を代表する代表取締役(【設例3−1】のY1),あるいはその双方なのか。この356条1項に関する争点は,「**第356条第1項の取締役**」(423条3項1号)として任務懈怠の推定が働く取締役は誰なのかと関連する。

【設例3−1】を用いて,有力と思われる考え方により整理するが,以下,任務懈怠の推定が働く「**第356条第1項の取締役**」(423条3項1号)を「**利益相反取締役**」,「**株式会社が当該取引をすることを決定した取締役**」(同項2号)を「**決定取締役**」,取締役会に事後報告をしなければならない「**第356条第1項各号の取引をした取締役**」(365条2項)を「**事後報告取締役**」と略称する。

(2)　直接取引の場合

直接取引である【設例3−1】(1)(2)の場合,例えば,当事者であるY2が代表取締役Y1に直接取引を申し入れ,Y2から情報を得たY1が

直接取引をするか否かを決定する。Y1が直接取引をすることを決定した場合，Y1は取締役会に直接取引承認議案を上程し，その承認を得て直接取引に関する契約を締結し履行する。

　このような手続において，まず，**重要な事実を開示してその承認を受けなければならない開示取締役**(356条1項柱書)に**Y2**が該当すること，争いはない（コンメンタール8巻84頁［北村雅史］）。また，代表取締役であるY1は，議案上程者あるいはX社を代表して直接取引をする取締役として上程議案につき説明することとなるが，これは一般的な業務執行上の**善管注意義務**（330条，民644条）から導かれる業務執行者の説明義務であり，356条1項柱書による義務ではないと解される（森本189頁）。なお，重要な事実を聞き取ったY1が，Y2の代わりに開示義務（356条1項柱書）を履行する運用もあり得る（以上につき取締役会ガイドライン262頁参照）。

　このような整理では，**開示取締役**（356条1項），**利益相反取締役**（423条3項1号）**及び事後報告取締役**（365条2項）はいずれも**Y2**となり，**決定取締役**（423条3項2号）は**Y1**となる。

　なお，実務では，取締役会においてY2ないしY1が重要な事実を開示し説明した後，Y2を退席させ，取締役会の審議及び議決に加わらせない。Y2は決議につき**特別の利害関係を有する取締役**（369条2項）だからである（森本191頁）。

　(3)　間接取引の場合

　次に，**間接取引**である【設例3−1】(3)の場合，Y2は間接取引の契約当事者ではないため，取締役会に重要な事実を開示して取締役会の承認を得なければならないのは，①Y2なのか，②Y1なのか，③その両者なのか争いがある。

　この場合，代表取締役Y1がY2から間接取引につき事情を聴取し，間接取引が会社に不利益を及ぼさないと判断したから取締役会にその承認議案が上程されるはずである。よって，**開示取締役**（356条1項）**及び**

び**利益相反取締役**（423条3項1号）は，直接取引の場合同様Ｙ2であると
解して差し支えない。**決定取締役**（423条3項2号）も直接取引の場合同様
Ｙ1となるが，**事後報告取締役**（365条2項）は，「第356条第1項各号の取
引をした取締役」（365条2項）となっているため，間接取引をしていない
Ｙ2と解することは文理上難しく，Ｘ社側で取引をしたＹ1と解さざる
を得ない（森本194頁・198頁・205頁参照）。

3　請求原因

　以下，**【設例3−1】**(1)〜(3)の取引が行われた場合のＹ2及びＹ1の任
務懈怠責任の請求原因を，まず**法令違反構成**で整理し，その後**推定利
用構成**で異なる部分を確認する。

(1)　法令違反構成による要件事実（類型別Ⅰ187頁・483頁（訴状例））

Kg1　取締役の任務懈怠［法令違反構成］
(1)　取締役
「被告Ｙ1は原告会社の代表取締役，被告Ｙ2は原告会社の取締役であ
る。」
(2)　利益相反取引（①〜③のいずれか）
①　自己のためにする直接取引（自己取引）の場合：【設例3−1】(1)
「被告Ｙ2は，自己の名義で原告会社から1000万円を借り入れることを
内容とする金銭消費貸借契約を締結し，被告Ｙ1は，原告会社を代表して
当該取引を行った。」
②　第三者のためにする直接取引の場合：【設例3−1】(2)
「被告Ｙ2は，Ａ社を代表して原告会社から1000万円を借り入れること
を内容とする金銭消費貸借契約を締結し，被告Ｙ1は，原告会社を代表し
て当該取引を行った。」
③　間接取引の場合：【設例3−1】(3)
⑦　第三者との取引
「被告Ｙ1は，原告会社を代表して，Ｂ銀行との間で，Ｙ2がＢ銀行に対
して負う1000万円の貸金返還債務を保証する旨の保証契約を締結した。」

> ④　利益相反
> 「前記保証契約において，原告会社と被告Y2の利益が相反する。」
> (3)　法令違反
> 「被告Y2(＊)は，重要な事実を開示して取締役会の承認を得ることなく前記取引を行っており，365条1項・356条1項に違反し，その任務を怠った。」
> Kg2　損害・Kg3　因果関係
> 「当該任務懈怠と因果関係が認められる原告会社の損害は，金1000万円である。」

＊ Y1については，2(2)(3)で解説したとおり356条1項違反ではないなら，法令定款違反型ではなく**善管注意義務違反型**となる。この場合，Y1については次の(2)で解説する**推定利用構成**を用いる実益がある。

(2)　推定利用構成による要件事実

これに対し，推定利用構成の場合，法令違反構成の**Kg1**(3)が以下の内容に差し替わる。前記のとおり，Y1については，法令違反構成を利用できないなら，**推定利用構成**を用いてその責任を構成できる（下線部分）。

> Kg1　取締役の任務懈怠［推定利用構成］
> (3)　423条3項各号の取締役
> ①　Y2の場合：356条1項1号
> 「被告Y2は，前記利益相反取引をした取締役であるから，」
> ②　Y1の場合：同項2号
> 「<u>被告Y1は，前記利益相反取引をすることを決定した取締役であるから，</u>」
> 　　「<u>任務を怠ったものと推定される。</u>」

法令違反を主張しないため，本書の整理では**善管注意義務違反型**の主張となる（よって詳細は**第3節第3款**で取り扱う）。原告は，被告取締役が423条3項各号の取締役であることを主張立証すれば足り，356

条1項に違反した事実を主張立証する必要はなく，この点でメリット
がある（森本45頁参照）。

4　抗　弁

　帰責事由不存在の抗弁の具体的な中身は，**法令違反構成**の場合，**356
条1項に違反するとの認識を有するに至らなかったことに関するやむ
を得ない事情**となる。間接取引の場合，その範囲が明確とは言えない
ため，そのような法令違反の認識可能性がない状況となり得る（森本
202頁）。なお，自己取引をした取締役（【設例3－1】(1)のＹ2）は，免
責されない（428条1項）。
　推定利用構成の場合の推定覆滅事由については，**第3節第3款**で取
り扱う。

第3節　善管注意義務違反型

第1款　総　説

1　善管注意義務と忠実義務

　忠実義務（355条）につき，判例は，善管義務を敷衍し明確にしたにと
どまり，善管注意義務とは別個の高度な義務を規定したものではない
とする**（同質説）**（最大判昭和45・6・24民集24巻6号625頁〈百選2事件〉）。もっ
とも，異質説的な用語法は取締役の義務の内容を整理する際に有益な
ため，忠実義務を**自己又は第三者の利益を会社の利益より上位に置い
てはならない義務**（神田251頁），**会社の利益を犠牲にして自己又は第三
者の利益を図ってはならない義務**（田中271頁）などと説明した上で，**会
社と取締役の利害が対立する場面**ではより厳格な審査基準が適用され
ることを示唆するため，**忠実義務**の語が用いられる。例えば，**経営判
断原則**は会社のための経営判断ゆえ適用されるのであり，自己又は第

三者のために経営判断をした事案では経営判断原則は原則として適用されない（類型別Ⅰ238頁。**第5款2(2)**参照）。

　同質説によれば，このような内容の忠実義務も善管注意義務に含まれることになる。本書もこのような用語法に倣い，善管注意義務違反型のうち，忠実義務違反が問題となる事案を**忠実義務違反事案**，忠実義務違反事案以外を**善管注意義務違反事案**と分類する。

2　注意義務の内容の特定

　訴訟では，争点を明確にするため，原告が**取締役が負う注意義務の内容**を主張し特定する必要がある。この場合，まず，多くの事案で「**当該事案において原告が主張する内容の注意義務を被告取締役が負うか**」が争点となる（この「負うか」を判断する段階を以下「step1」という）。即ち，原告は，会社の規模，職務分掌の状況，経営実態等の具体的な事実関係を踏まえ，問題とされる時点までに存在した事実関係に基づき，取締役が負う注意義務の具体的な内容を特定する必要がある（谷村武則「大阪地方裁判所における商事事件の概況」旬刊商事法務2274号8頁（令和3年））。

　step1で原告が主張する内容の注意義務を取締役が負うと認められれば，次に，「**取締役が当該内容の注意義務に違反したか**」が判断される（この「違反したか」を判断する段階を以下「step2」という）。step1で特定された注意義務の内容に応じて，step2で適用される審査基準が概ね3つに分かれると解され，3で敷衍する。

3　善管注意義務違反型の中での3分類
(1)　忠実義務違反事案〜厳格な審査基準〜

　step1で被告が負うと確認された注意義務の内容より，**会社と取締役の利害対立があり忠実義務**の違反が問題となる**忠実義務違反事案**と

認められれば，裁判所による強い法的介入が求められ，**より厳格な審査基準**が用いられる（**第2款**参照）。もっとも，会社と取締役の利害対立は，その有無のみならず**濃淡**も問題となる場合が多く，その意味で善管注意義務違反事案との境界線が明確なわけではないことに留意する必要がある。

　なお，忠実義務違反事案の中でも，**利益相反取引**（356条1項2号・3号）については**任務懈怠の推定規定**（423条3項）があり，要件事実が変容する（**第3款**参照）。

　(2)　原則型～合理性基準～

　次に，忠実義務違反事案でなければ**善管注意義務違反事案**となるが，その中で**経営判断原則が適用される事案**（以下「**経営判断原則事案**」という）か否かをふるい分ける。

　取締役は，日常的に経営判断をしながら職務を遂行しているから，善管注意義務違反事案の大半は経営判断原則の適用対象となろう。もっとも，**第4款**で触れるとおり，**会社の利益との関係を明確に説明し難い事案**（寄附，政治献金等）には経営判断原則は適用されないと解されている（前出最大判昭和45・6・24〈百選2事件〉及びその解説［川口恭弘］参照）。このような**経営判断原則が適用されない善管注意義務違反事案**は，いわば善管注意義務違反型の**原則型**であり，諸般の事情を考慮した**合理的**な決定がなされたかが審査基準となるが（前出最大判昭和45・6・24〈百選2事件〉。**第4款**参照），適用される場面は少ない。

　(3)　経営判断原則事案～意思決定過程に比重を置いた審査基準～

　最後に，善管注意義務違反事案の中でも，**経営判断原則事案**では，裁判例により経営判断の過程に比重を置いた審査基準が形成されている。具体的には，**事実認識の過程**又は当該事実認識に基づく**意思決定の内容**が著しく**不合理**か否かが判断され，より緩やかな審査基準となる（**第5款**参照）。

第2款　忠実義務違反事案

1　総　説

前述のとおり，**会社と取締役の利害が対立する場面**では，裁判所による法的介入がより強く求められ，**より厳格な審査基準**が用いられる。想定される事件類型として**従業員の引抜き**（東京高判平成元・10・26金判835号23頁〈百選A20事件〉），**MBO**等がある。

356条1項に違反しない競業取引又は利益相反取引も同様だが，実務では2通りあるように思われる。

まず，**会社と取締役の利害が対立する取引が365条1項・356条1項の手続を経て行われる場合**は，**忠実義務違反事案**として取り扱われる。

他方，**形式的には競業取引又は利益相反取引に当たる取引が実質的には会社のため365条1項・356条1項の手続を経て行われる場合**もある。例えば，経営戦略により出資をしている他の会社に自社の取締役を代表取締役として送り込む場合，当該他の会社と取引すれば利益相反取引，当該他の会社が同業を営んでいれば競業取引となるが，365条1項・356条1項の手続を経てアライアンスを進めることがある。この種の事案はむしろ**経営判断原則事案**であり，会社と取締役の利害対立の濃淡に応じた審査基準を用いた経営判断原則が適用されよう。

2　請求原因

Kg1　取締役の任務懈怠
（1）　取締役
「被告は，原告会社の取締役である。」
（2）　任務懈怠：忠実義務・善管注意義務の違反
「被告は，……との忠実義務・善管注意義務に違反し，その任務を怠った。」

Kg2　損害・Kg3　因果関係
「当該任務懈怠と因果関係が認められる原告会社の損害は，金○○○○
万円である。」

（1）　Kg1（2）：忠実義務の具体的内容

忠実義務として，**自己又は第三者のために会社の利益を犠牲にして
はならない義務**や**株主の共同の利益に配慮すべき義務**，より具体的に
は**MBOに際して公正な企業価値の移転を図らなければならない義務
（公正価格移転義務）**や**株主に一定の適正な情報を開示すべき義務（適
正情報開示義務）**等が考えられる（東京高判平成25・4・17判時2190号96頁
［レックス・ホールディングス事件］〈百選52事件〉（但し429条1項の事案。損害
なしとして責任否定））。

（2）　Kg1（2）：忠実義務・善管注意義務の評価根拠事実

前述のとおり，**請求原因レベルの善管注意義務違反の評価根拠事実**
の判断に際し，**抗弁に位置付けられる善管注意義務違反の評価障害事
実及び帰責事由不存在の評価根拠事実**等が実質的に表裏一体的に同時
に判断されると解される（第1節3・4参照）。

第3款　利益相反取引

1　総　説

利益相反取引については，重要な事実を開示して取締役会の承認を
得た場合，法令（356条1項）の違反はないが，このような場合でも忠実
義務・善管注意義務に違反すれば任務懈怠（423条1項）となる。**忠実義
務違反事案**に属するが，**任務懈怠の推定規定（423条3項）**があるため要
件事実が変容する。任務懈怠につき，**356条1項に違反する場合は法令
違反構成**が可能であるから，推定規定はむしろ**356条1項に違反しない
場合**に重宝する。

以下，第2節で取り扱った【設例3－1】をアレンジした【設例3－2】により，利益相反取引を行った取締役に関する要件事実を確認する。

【設例3－2】

　原告会社Ｘ社は，代表取締役Ｙ1，取締役Ｙ2，取締役Ｙ3及び取締役Ｙ4により取締役会を構成する取締役会設置会社である。

　取締役Ｙ2が代表者を務めるＡ社は，Ｘ社に金1000万円の借入を申し入れたところ，代表取締役Ｙ1は当該貸付けを行うことを決定した。Ｘ社の取締役会では，Ｙ2が重要な事実を開示して退席（＊）した後，Ｙ1・Ｙ3の賛成によりＸ社のＡ社に対する金銭消費貸借契約の締結が承認された。なお，Ｙ4は棄権したが，議事録に異議をとどめなかった。

　これを受け，代表取締役Ｙ1がＸ社を代表してＡ社に対し1000万円の貸付けを行ったが，その後Ｘ社のＡ社に対する1000万円の貸金債権は全額回収不能となった。

＊　Ｙ2が退席したのは，決議につき特別の利害関係を有する取締役に該当し，決議に加わることができないからである（369条2項）。

2　請求原因

(1)　要件事実1：推定規定を使わない場合

まず，任務懈怠の推定規定を使わない場合，請求原因は以下のとおりとなる（類型別 I 187頁・483頁（訴状例））。

Kg1　取締役の任務懈怠

(1)　取締役

「被告Ｙ1は原告会社の代表取締役，被告Ｙ2，Ｙ3及びＹ4は原告会社の取締役である。」

(2)　利益相反取引

「被告Ｙ2は，第三者Ａ社を代表して原告会社に1000万円を貸し付ける金銭消費貸借契約を締結し，被告Ｙ1は，原告会社を代表して当該取引を行った。」

(3)　会社の承認
「原告会社は，取締役会決議により当該取引を承認した。」
(4)　忠実義務・善管注意義務違反
「被告らは，…（例：担保を提供させるなどして債権回収の可能性を確保すべき）…忠実義務・善管注意義務を負うにもかかわらず当該義務に違反し，その任務を怠った。」
Kg2　損害・Kg3　因果関係
「当該任務懈怠と因果関係が認められる原告会社の損害は，金1000万円である。」

(2)　要件事実2：推定規定を使う場合

【設例3−2】において，Ｙ2は**利益相反取締役**（423条3項1号），Ｙ1は**決定取締役**（同項2号），Ｙ3は当該取引に関する取締役会の承認の決議に賛成した取締役（同項3号）（以下「**賛成取締役**」という）に当たる。任務懈怠の推定規定を用いてこれらの者の責任を追及する場合，Kg1の(3)・(4)が次の内容に差し替わる。

Kg1　取締役の任務懈怠
(3)　423条3項各号の取締役
①　423条3項1号の場合
「被告Ｙ2は，356条1項の取締役であるから，」
②　423条3項2号の場合
「被告Ｙ1は，原告Ｘ社が356条1項2号の取引をすることを決定した取締役であるから，」
③　423条3項3号の場合
「被告Ｙ3は，当該取引に関する取締役会の承認決議に賛成した取締役であるから，」
　「任務を怠ったものと推定される。」

(3)　Kg1(3)：取締役会決議賛成の推定（369条5項）＋任務懈怠の推定（423条3項3号）

「**賛成**」した取締役（423条3項3号）に関連して，取締役会の決議に参

加した取締役で議事録に異議をとどめないものは，その決議に賛成し
たものと推定される（369条5項）。

369条（取締役会の決議）

（1〜4項省略）

5　取締役会の決議に参加した取締役であって／第3項の議事録［取締役
会議事録］**に異議をとどめないものは，／その決議に賛成したものと推
定する。**

Ｙ4の責任追及のため369条5項の推定規定も用いる場合，**Kg1(3)④**
は次の内容となる。

Kg1　任務懈怠（取締役会の承認を受けた利益相反取引）

（3）　423条3項各号の取締役

④　369条5項＋423条3項3号

「被告Ｙ4は，当該取引に関する取締役会の決議に参加し議事録に異議
をとどめなかったため，その決議に賛成したものと推定され，よって任
務を怠ったものと推定される。」

3　抗　弁

(1)　帰責事由不存在の抗弁（428条1項）

自己取引をした取締役は，帰責事由不存在の抗弁を主張できない
（428条1項）。自己の利益のために会社に損害を与えながら，無過失を
理由に免責されることは適当でないからである。

自己取引をした取締役以外の取締役は，帰責事由不存在の抗弁を主
張できる。その具体的内容は，取引の必要性の他，「専門家の鑑定を信
頼した」「資力，信用等につき適切な調査を行った」「担保を提供させ
た」などが考えられよう。

(2)　任務懈怠の推定（423条3項）の覆滅

任務懈怠の推定（423条3項）を受ける取締役は，推定を覆滅させる事

由を主張立証することとなるが，その内容は，**利益相反取締役**（423条3項1号）の場合，356条1項柱書の重要事実の開示義務を尽くしたことを根拠づける事実となろう。また，**決定取締役**（423条3項2号）の場合，利益相反取締役から必要な情報を入手し誠実に会社のためになると判断したことを根拠付ける事実，**賛成取締役**の場合，利益相反取締役や決定取締役から情報を得て取引が公正かつ妥当であると合理的に判断したことを裏付ける事実が，主張立証の対象となる。いずれにおいても，取引の必要性，取引条件の公正性，回収不能にならないと判断した根拠等，(1)で挙げた諸事情が関連する（森本206頁参照）。

　この点，423条3項1号と428条1項をあわせ読むと，**自己取引をした取締役は，帰責事由不存在の抗弁を主張できないが**（428条1項），**任務懈怠の推定を覆滅して責任を免れることができるかのように読める**（423条3項1号）。**第1節4(2)**で解説したとおり，例えば会社再建のため取締役が設立した一人会社に会社所有の不動産を売却してリースバックするなど，**実質的に会社の利益を図る行為が形式的には自己取引に該当する場合**，自己取引をした取締役の任務懈怠の推定の覆滅を許す余地ありと解される。

　(3)　取締役会決議賛成の推定（369条5項）の覆滅

　取締役会決議に賛成したとの推定（369条5項）に対し，被告取締役Y4は取締役会決議に反対した事実を主張立証すれば当該推定は覆滅され，任務懈怠の推定（423条3項3号）を免れる。

第4款　原則型

1　総　説

　善管注意義務違反型の中では，取締役の任務懈怠の審査基準が，**忠実義務違反型**では厳しく，**経営判断原則事案**では緩和される。第4款

で取り扱うのは，このような厳格化も緩和もされない善管注意義務違反型の**原則型**といえる。**経営判断と会社の利益との関係を明確に説明し難い場合**，具体的には**寄附**や**政治献金**のような場面が想定され，諸般の事情を考慮して**合理的**かとの審査基準等が用いられるが（前出最大判昭和45・6・24〈百選2事件〉及びその解説［川口恭弘］参照），実務での適用場面は少ない。

2　請求原因

　この場合の請求原因は，以下のとおりである。

Kg1　取締役の任務懈怠
（1）　取締役
「被告は，原告会社の取締役である。」
（2）　任務懈怠（善管注意義務違反）
「被告は，……すべき善管注意義務に違反し，その任務を怠った。」
Kg2　損害・Kg3　因果関係
「当該任務懈怠と因果関係が認められる原告会社の損害は，金〇〇〇〇万円である。」

（1）　Kg1（2）：善管注意義務の具体的内容

　善管注意義務の具体的内容は，例えば，「**寄付をするにあたり諸般の事情を考慮して合理的な範囲内においてその金額等を決定すべき義務**」（前出最大判昭和45・6・24〈百選2事件〉参照）等が考えられる。

（2）　Kg1（2）：善管注意義務の評価根拠事実

　前述のとおり，善管注意義務違反型では，**請求原因レベルでの善管注意義務違反の評価根拠事実**の判断に際し，**抗弁**と位置付けられる**善管注意義務違反の評価障害事実**及び**帰責事由不存在の評価根拠事実**，**再抗弁**と位置付けられる**帰責事由不存在の評価障害事実**が実質的に表裏一体的に判断されると解される（**第1節3**参照）。

第5款　経営判断原則事案

1　総　説

(1)　意　義

　取締役は，日常的に経営判断をしながら職務を遂行しているから，法令定款に違反しない場合の任務懈怠責任のほとんどは，経営判断の当否を判断することになる。この点，会社の経営は必ずリスクを伴うから，経営判断の結果会社に損害が生じた場合に取締役の義務違反を容易に認めると，経営は委縮し，取締役の成り手もいなくなり，結果として株主の利益にならない。よって，**取締役の経営判断の当否が問題となる事案**では，裁判例の蓄積により，「どのような経営判断をすべきであったか」との後知恵ではなく，行為時を基準として，

① 　**経営判断の前提となる事実認識の過程（情報収集とその分析・検討）における不注意な誤りに起因する不合理さ**

② 　**当該事実認識に基づく意思決定の推論過程及び内容の著しい不合理さ**

の2点（以下「**表現A**」という）を審査対象として善管注意義務違反の有無を判断する法理が形成された（類型別 I 239頁）。経営の専門家ではない裁判所が経営判断に介入する範囲を明確にし，判断内容の当否ではなく**経営判断の過程**に比重を置いた司法審査といえる。

(2)　最判平成22・7・15判時2091号90頁［アパマンショップ事件］〈百選48事件〉

　もっとも，標題の判決は，事例判決であるが，「**その決定の過程，内容に著しく不合理な点がない限り**」（以下「**表現B**」という）取締役としての善管注意義務に違反するものではないとして，責任を認めた原

審の判決を破棄自判し，請求を棄却した。**事実認識の過程**及び**意思決定の内容**のいずれについても「**著しく不合理**」か否かを基準とし，取締役の経営判断の裁量を広めに認める傾向を示したと解されている。

　事実認識と当該事実認識に基づく意思決定の間には，相関関係がある。経営判断に際しどの程度の情報を集めどの程度検討すべきかも経営判断であり，取締役に情報収集のため過剰な負担をかけさせると保守的な経営になるおそれがあることに鑑み，最高裁が示した姿勢に賛成する説が有力である（田中277頁参照）。その後の下級審裁判例では，表現Aによると思われるものもあるが，表現Bによるものが多いようで（百選48事件の解説［吉原和志］），以下**表現B**による。

　(3)　信頼の権利

　情報収集（上記①）につき，相応の内部統制システムが構築され分業と権限移譲による経営がされている組織では，他の取締役や使用人からの情報を**疑うべき特段の事情**がない場合，取締役は下部組織や自らの所管部署以外の部署において期待される水準の情報収集，分析及び検討が誠実になされたと信頼し，自らの意思決定をすることが許されると解されている（類型別Ⅰ242頁）。信頼の権利と呼ばれるが，法令順守体制，情報伝達体制等の内部統制システムが相応に構築されていることが前提であろう。

2　経営判断原則が適用されない場合

　取締役に経営判断に係る裁量が広く認められるとしても，取締役が経営判断をした場合に常に経営判断原則が適用されるわけではない。

　(1)　法令定款に違反する行為

　まず，取締役は法令及び定款を遵守する義務を負っており（355条），「法令又は定款に違反してもよい」との経営判断は許されない。当然

だが，取締役が**法令定款に違反した場合**を経営判断原則により免責することはできず（類型別Ⅰ240頁），**法令定款違反型**として検討される（**第2節**参照）。

(2)　忠実義務に違反する行為

次に，取締役の経営判断は，あくまで会社のための経営判断でなければならず，取締役がその地位を利用し**会社の犠牲において自己又は第三者の利益を図る場合**，経営判断の原則は適用されないとされる（類型別Ⅰ238頁）。本書の整理では，原則として**忠実義務違反事案**となる（**第2款**参照）。

もっとも，**第2款1**で述べたとおり，例えば**経営戦略により出資をしている他の会社に自社の取締役を代表取締役として送り込んだ場合**，当該他の会社と取引すれば利益相反取引，当該他の会社が同業を営んでいれば競業取引に形式的に当たるが，重要な事実を開示し取締役会の承認を得た上でアライアンスを進めることがある。この種の判断はまさに経営判断であり，会社と取締役の利害対立の**濃淡**に応じた審査基準を用いた経営判断原則が適用されよう。経営判断原則事案と忠実義務違反事案の境界線も事案によっては明確なわけではなく，留意する必要がある。

(3)　会社の利益との関係を明確に説明し難い場合

また，**会社の利益との関係を明確に説明し難い場合**も，経営判断原則の適用が否定されることがある。**第4款1**で述べたとおり，例えば政治献金（政治資金規正法に違反しないことが前提）については経営判断原則の適用はないとの説が有力で，「その会社の規模，経営実績その他社会的経済的地位および寄附の相手方など諸般の事情を考慮して，**合理的な範囲内**において，その金額等を決すべき」などとされる（前出最大判昭和45・6・24〈百選2事件〉及びその解説［川口恭弘］参照）。

3　経営判断原則が適用される事案の類型

　経営判断原則が適用される場面は広く，取締役の裁量の幅の広狭（注意義務の重さの違いと言われることもある）に応じて，ある程度の類型化が必要に思われる（森本104頁参照）。

(1)　一般の事業会社による積極的な経営判断

　まず，企業経営には常にリスクが伴い，リスクを冒すことなしに成長はないため，一般の事業会社による積極的な経営判断については，取締役の裁量の幅を広く認める必要がある。前記最判平成22・7・15［アパマンショップ事件］〈百選48事件〉は，このようなリスクを伴う経営判断による新規事業が成果を上げず撤退する際にも，取締役の経営判断に関する裁量を比較的広く認める傾向を示したものと言えよう。

(2)　金融機関の取締役の融資に関する経営判断

　他方，**金融機関**の場合，信用維持，預金者保護，金融円滑等を図るため，銀行法が銀行業務の健全かつ適正な運用を求めている（銀行法1条他）。このような銀行の公共性，回収可能性は基準としてある程度明確であること，銀行業務の持つリスクが発現した場合の預金者への影響等に鑑み，金融機関の取締役の融資決定につき善管注意義務違反の有無を判断する際には，一般事業会社の取締役と比べて相対的に高い注意の程度が基準となる傾向がある（大阪地判平成14・3・27判タ1119号194頁，最判平成20・1・28判時1997号148頁〈百選49事件〉，最判平成21・11・27金判1335号20頁）。

(3)　一般の事業会社における病理的局面での経営判断

　次に，一般の事業会社においても，例えば食品衛生法違反行為を後から認識しながら公表しなかったような**病理的局面**における経営判断においては，厳格な判断がされる傾向がある（大阪高判平成18・6・9判タ1214号115頁［ダスキン事件］）。

(4)　会社と取締役の利害が実質的に対立しない利益相反取引・競業取引等

2 (2)で触れたように，形式的には利益相反取引ないし競業取引に当たるが，実質的に会社の利益になるとの経営判断により行われる行為もある。このような行為が法定の手続（365条1項・356条1項）を遵守して行われれば，会社と取締役の利害対立の濃淡に応じた判断基準による経営判断原則が用いられる場合もあろう。

4　請求原因

(1)　要件事実（類型別Ⅰ204頁・239頁・489頁（訴状例）参照）

> **Kg1　取締役の任務懈怠**
> (1)　取締役
> 「被告は，原告会社の取締役である。」
> (2)　経営判断
> 「被告は，……との経営事項につき，……と判断決定した。」
> (3)　裁量逸脱基礎付事実
> 「当該判断に際し，被告は……との善管注意義務を負うにもかかわらず，」
> ①　事実認識の過程
> 「……であるから，被告の事実認識の過程は著しく不合理である。」
> ②　意思決定の内容
> 「（被告の事実認識の過程が著しく不合理ではないとしても）……であるから，当該事実認識に基づく被告の意思決定は著しく不合理である。」
> **Kg2　損害・Kg3　因果関係**
> 「当該任務懈怠と因果関係が認められる原告会社の損害は，金〇〇〇〇万円である。」

(2)　Kg1 (2) (3)：経営判断原則事案であることの確認

原告が，例えば**「会社の財産を適切に管理・保全すべき義務」「会社**

として，**財産を取得させるに当たっては，適正な価格で購入させなけ
ればならない義務**」（東京地判平成19・12・4金判1304号33頁［アパマンショッ
プ事件第一審］）に取締役が違反したと主張し，取締役が当該義務を負う
ことがstep1で確認されたとする。この場合，経営判断原則事案であ
ることが明らかとなり，step2で経営判断原則により審査される。

　(3)　Kg1(3)：裁量逸脱基礎付事実の主張立証責任

　裁量逸脱基礎付事実については，原告が**請求原因**としてその評価根
拠事実（被告の**事実認識**の過程又は当該事実認識に基づく**意思決定**が
著しく不合理であることを基礎付ける事実）を主張立証し，被告が**抗
弁**としてその評価障害事実（それらがいずれも**著しく不合理ではない**
ことを基礎付ける事実）を主張立証することとなる。両者は表裏一体
の関係にあるから，後者は請求原因レベルで前者と一体的に判断され
ることとなろう（**第1節3**参照）。

第6款　監視・監督義務違反

1　総　説

(1)　意　義

　第5款までは，直接任務懈怠を行った取締役自身の責任が問題とな
る類型である。これらに対し**第6款**以降は，自らは直接の任務懈怠を
行っていないが，他の取締役や従業員に対する監視・監督を怠った不
作為等が善管注意義務に違反する類型である。

　取締役会は取締役の職務の執行を監督するから（362条2項2号），その
一員たる**取締役は他の取締役の職務執行を監視すべき義務**を負い，こ
れは**監視義務**と呼ばれる。さらに，会社は上位から下位への指揮命令
により運営されるため，**業務執行取締役は，自己の担当する業務執行**

に関し下位の**業務執行取締役や使用人に対し適切な指示を行う**などして**監督すべき義務**を負い，これは**監督義務**と呼ばれる（森本112頁参照）。いずれも善管注意義務（330条，民644条）の一内容と解され，違反すれば任務懈怠責任が生じる。

　両者は重なる部分もあるが，類型別Ⅰ204頁では，取締役において，**同僚取締役の適正な業務執行を確保すべく行動すべき義務を監視義務，使用人等の従業員の適正な業務執行を確保すべく行動すべき義務を監督義務**としており，以下ではこの整理に従う。

　(2)　信頼の権利及び法令順守体制の整備

　取締役の監視義務につき，取締役会設置会社の取締役は，**取締役会上程事項**のみならず，**取締役会に上程されない業務執行一般**も監視すべきとされる（最判昭和48・5・22民集27巻5号655頁〈百選67事件〉）。

　もっとも，前述した**信頼の権利**はここでも適用され，**会社の業務が業務執行取締役や従業員により分担される場合**，各取締役は，他の取締役又は従業員が担当する業務については，その内容の適正さを**疑うべき特段の事情**がない限り適正に行われていると信頼することが許され，仮に他の取締役又は従業員が違法行為等をしても監視・監督義務違反の責任は負わないとされる（東京地判平成7・10・26判時1549号125頁，東京地判平成28・7・14判時2351号69頁［AIJ投資顧問事件］，類型別Ⅰ250頁）。この点は後出の内部統制システムの一部である**法令順守体制**が一応整備されていることが前提とされ，言い換えれば法令順守体制の整備は監視・監督義務違反とならないための安全装置となる（森本140頁参照）。

　他方，法令順守体制が整備されていない場合，例えば代表取締役は監視・監督義務ないし内部統制システム構築義務の違反とされやすい。この場合，適切な法令順守体制が整備されていても当該法令違反を阻止できなかったため義務違反と損害の間の因果関係が認められない場合を除き，任務懈怠責任を負う可能性がある。

　以下，【設例3-3】により，監視義務又は監督義務の違反が問題となる取締役の任務懈怠責任の請求原因を整理する。

【設例3-3】

　原告会社Ｘ社は，**代表取締役Ｙ1，営業担当取締役Ｙ2及び財務担当取締役Ｙ3**により取締役会を構成する，東京に本社を置き全国で事業を展開する**取締役会設置会社**である。

(1)　**監視義務違反が問題となる事例**

　営業担当取締役Ｙ2は，東京都で実施された入札に際して，法令に違反する**談合を行った。代表取締役Ｙ1**は当該談合に**気づき得る状況**にありながらこれを放置したが，**財務担当取締役Ｙ3**はこれに気づかず，**気づかなかったことにつき過失はなかった。**

(2)　**監督義務違反が問題となる事例**

　営業担当取締役Ｙ2の部下である九州営業部長Ａは，九州で実施された入札に際して法令に違反する**談合**を行った。Ｙ2は当該談合に気づき得る状況にありながらこれを放置したが，Ｙ1及びＹ3はこれに気づかず，気づかなかったことにつき過失はなかった。

2　監視義務違反の請求原因

　【設例3-3】(1)に即して，監視義務違反が問題となる取締役Ｙ1の任務懈怠責任の要件事実を整理する（類型別Ⅰ203頁・491頁（訴状例））。

(1)　要件事実

Kg1　取締役の任務懈怠：監視義務違反

(1)　取締役

「被告Ｙ1及びＹ2は，原告会社の取締役である。」

(2)　他の取締役による違法行為

「被告Ｙ2は，法令に違反する談合を行った。」

(3)　監視義務違反基礎付事実（①又は②）

「被告Ｙ1は，取締役Ｙ2が法令に違反する談合を行わないよう監視すべき注意義務を負うところ，」

① 予見可能性
「被告Ｙ2による談合に容易に気づき得る状況にありながらこれに気づかず，」
② 結果回避可能性
「被告Ｙ2による談合に気づきながらこれに対する是正措置を講じず，」
　「もって前記注意義務に違反し，その任務を怠った。」
Kg2　損害・Kg3　因果関係
「当該任務懈怠と因果関係が認められる原告会社の損害は，金〇〇〇〇万円である。」

　(2)　Kg1(2)：他の取締役による直接の違法行為
　間接的な責任を負う取締役Ｙ1より先に，まず取締役Ｙ2の直接の違法行為を示す。
　(3)　Kg1(3)：監視義務違反基礎付事実
　監視義務違反基礎付事実の具体的内容は，他の取締役の違法行為に関する**予見可能性**（Kg1(3)①）及び**結果回避可能性**（Kg1(3)②）が中心となろう。この点は，監督義務違反の場合も同様と解される。

3　監督義務違反の請求原因
　(1)　要件事実
　【設例3−3】(2)に即して，監督義務違反が問題となる取締役Ｙ2の任務懈怠責任の要件事実を整理する（類型別Ⅰ204頁参照）。

Kg1　取締役の任務懈怠：監督義務違反
(1)　取締役
「被告Ｙ2は，原告会社の取締役である。」
(2)　従業員による不正行為
「取締役Ｙ2の部下の従業員Ａは，法令に違反する談合を行った。」
(3)　監督義務違反基礎付事実（①又は②）
「被告Ｙ2は，Ａが法令に違反する談合を行わないよう監督すべき注意義務を負うところ，」

> ①　予見可能性
> 「Aによる談合に容易に気づき得る状況にありながらこれに気づかず，」
> ②　結果回避可能性
> 「Aによる談合に気づきながらこれに対する適切な是正措置を講じず，」
> 　「もって前記注意義務に違反し，その任務を怠った。」
> Kg2　損害・Kg3　因果関係
> 「当該任務懈怠と因果関係が認められる原告会社の損害は，金○○○○万円である。」

(2)　Kg1⑶：自ら所管する部署か否かによる違い

監督義務違反については，業務執行取締役が職掌上自ら所管する部門・部署（以下「**所管部署**」といい，そうではない部門・部署を「**非所管部署**」という）に属する従業員の場合か否かで，**予見可能性**の程度が異なる。

業務執行取締役は，**所管部署**における業務を執行する職責を負い，所管部署に属する従業員を監督する義務を負う。【設例3−3】⑵の取締役Y2は，所管部署に属する従業員である九州営業部長Aを監督すべき立場にあるため，監督義務違反が認められ得る。

他方，**非所管部署**に属する従業員の監督については，個々の従業員に対する監督をすべき立場になく，【設例3−3】⑵の取締役Y1・Y3は，その所管部署に属しない従業員である九州営業部長Aに対する監督義務を原則として負わない。もっとも，何らかの事情で非所管部署の従業員の不正行為を**知り又は知り得べき特段の事情**がある場合，事態を是正すべき義務を負う。

(3)　親会社取締役の子会社管理義務

平成9年の独占禁止法改正により純粋持株会社が解禁された後，上場会社の非上場子会社による企業不祥事が問題となり，親会社取締役の子会社管理義務が論じられるところ，その内容は実質的に監督義務

に近い。裁判例でも，子会社の不正会計につき公認会計士から指摘を
受けるなどした親会社の取締役につき，自ら又は子会社を介するなど
して調査し是正すべき義務に違反したとして，任務懈怠責任を認めた
事例がある（福岡高判平成24・4・13金判1399号24頁［福岡魚市場事件］〈百選51
事件〉）。

　なお，大会社は企業集団の内部統制システムの整備を求められてお
り（362条4項6号，会社則100条），親会社取締役の子会社管理義務違反とあ
わせて，内部統制システム構築・運用義務違反が主張される可能性が
ある（**第7款**参照）。

第7款　内部統制システム構築・運用義務違反

1　総　説

(1)　内部統制システム構築・運用義務違反が主張されるに至った契機

　会社が**取締役による直接の監視・監督を困難とする規模**になれば，
監視・監督義務違反のみでは，違法行為から離れた場所や地位の取締
役の責任追及が困難となる。例えば，【**設例3-3**】(2)のような九州で
営業部長が談合をした場合，監督義務違反では東京本社の代表取締役
Y1の責任を問えないが，他方，そのような規模の会社では，相応の**法
令順守体制**が構築されているのが一般的で，あるいは構築する必要が
ある。

　この点，ニューヨーク支店での不正の事案である大阪地判平成12・
9・20判時1721号3頁［大和銀行事件］がリスク管理体制の不備を理由
に取締役に多額の損害賠償責任を認めたのがきっかけとなり，取締役
の**内部統制システム構築・運用義務違反**が主張される事案が増えてい
る（最判平成21・7・9判時2055号147頁［日本システム技術事件］〈百選50事件〉

（但し350条の事案）他）。会社法においても，大会社は「株式会社の業務並びに当該株式会社及びその子会社から成る企業集団の業務の適正を確保するために必要なものとして法務省令で定める体制」（以下「**内部統制システム**」という）の整備に関する事項を取締役会で決定しなければならず（362条4項6号・5項），その決定内容の概要及び当該体制の運用状況の概要が事業報告の記載事項となる（会社則118条2号）。

(2)　各取締役の役割

以下，**取締役による直接の監視・監督を困難とする規模**の会社（大会社に限らない）における内部統制システムの構築・運用義務につき，**法令順守体制**を例に整理を試みる。その際，まず体制構築の実務を確認する必要がある。

筆者なりの理解だが，そのような規模の会社では，もともと一定レベルの法令順守体制が構築されているが，経営環境の変化に応じた改善が随時行われ，その**構築**と**改善**が，いわゆるPDCA（Plan Do Check Action）サイクルを回しながらアップデートされる。このようなサイクルの中で，一般的に，①**代表取締役**は全般を**統括**し，②**業務執行取締役**は各自の**所管部署**で**具体的体制の構築**と**運用監督**を執行し，③これを**各取締役**（社外取締役を含む）が取締役会を通じて**監視**する。法令順守体制の構築・運用義務違反が問題となる場合，このような役割分担に応じて各取締役が負う注意義務の内容が異なると解される。

2　構築の場面

(1)　総　説

原告が，不正が行われた時点の法令順守体制等が当時の水準と比べて著しく不合理と考え，取締役に**適切な内部統制システムを構築・改善すべき注意義務**（以下「**構築義務**」という）の違反（以下「**構築義務違反**」という）があったと主張した場合に，内部統制システムの構

築義務違反が問題となる。例えば【設例3−3】(2)において，原告が，取締役が負う注意義務として，「九州営業部長Ａが談合をしないよう監督すべき義務」ではなく，**「適切な談合防止体制を構築すべき義務」**を主張した場合である。

(2)　経営判断原則に準じる審査基準

このような**構築の場面**では，**どのような内容の体制を整備すべきか**は費用対効果等と関連する**経営判断事項**であり，取締役にある程度の裁量が与えられるが，典型的な経営判断原則の適用場面と異なり，積極的にリスクを取ることは問題とならない。例えば法令順守体制では，**通常想定される不正行為を防止し得る程度の管理体制**を構築する必要はあるが，これを超えてどの程度の体制を構築するかなどについては，**経営判断原則**が適用されると解される（百選50事件の解説［野村修也］，森本137頁参照）。

前出最判平成21・7・9［日本システム技術事件］〈百選50事件〉も，「通常想定される架空売上げの計上等の不正行為を防止し得る程度の管理体制」を整えていたことを理由の一つに挙げ，取締役の責任を否定した。筆者なりの整理としては，**取締役に内部統制システムの構築義務違反があったか否かは**，まず，**通常想定される不正行為を防止し得る程度の管理体制**を構築していれば原則として義務違反はないが，例えば会社が過去に不正を経験しながら再発防止体制を整備せず同種の不正が繰り返された場合のように，再発防止体制を整備しなかった取締役の**意思決定が著しく不合理**とされる場合，義務違反が認められ得ると解される（田中284頁参照）。

(3)　請求原因

仮にこのような考え方を前提とした場合，【設例3−3】(2)での代表取締役Ｙ１の運用義務違反に関する任務懈怠責任の**請求原因**は，要旨次のとおりとなろう。

```
Kg1　任務懈怠
(1)　取締役
「被告Y1は，原告会社の代表取締役である。」
(2)　経営判断：談合防止体制の内容決定とその構築
「被告Y1は，本件談合の発生に先立ち，……との内容の談合防止体制（以
下「本体制」）を構築した。」
(3)　裁量逸脱基礎付事実（①又は②）
「被告Y1は，適切な談合防止体制を構築すべき注意義務を負うところ，」
①　通常想定される防止体制の不整備
「本体制は通常想定される談合を防止し得る程度の管理体制ではないか
ら，被告の意思決定は著しく不合理である。」
②　通常想定される防止体制を超える再整備をしなかった意思決定の著
　　しい不合理
「本体制は通常想定される談合を防止し得る程度の管理体制であるが，
……（取締役の意思決定が著しく不合理とされる事情）……であるから，
これを超える体制を再整備しなかった不作為に係る被告の意思決定は著
しく不合理である。」
↓（①又は②の著しい不合理性が肯定され裁量逸脱による任務懈怠あり）
Kg2　損害・Kg3　因果関係
「当該任務懈怠と因果関係が認められる原告会社の損害は，金〇〇〇〇
万円である。」
```

3　運用の場面

　構築義務違反が成り立たないと，次に**構築された内部統制システム
を適切に運用すべき注意義務**（以下「**運用義務**」という）の違反（以
下「**運用義務違反**」という）が問題となり得る。この場面では経営判
断原則は当てはまらず，前述した**信頼の権利**が関係する（百選50事件の
解説［野村修也］参照）。

　まず，業務執行取締役は，自らの**所管部署**につき，構築された内部
統制システムを社内規程やマニュアルに従い適切に運用されているか

を監督する必要がある。そのような中で不正の兆候に接した場合，業務執行取締役は事態を是正する必要があるが，適切に運用されている中で不正行為が発生しても，これが**通常容易に想定し難い方法**により行われたなら予見可能性がなく，業務執行取締役に責任はない。

　他方，**非所管部署**については，他の業務執行取締役がこれを適切に運用していると信頼することができ，適切に運用されていないことを**知り又は知り得べき特段の事情**がない限り責任を負わないと解される。

　なお，内部統制システム，特に**法令順守体制が応分に構築・運用されている場合**，このことは信頼の権利の基礎となり，監視・監督義務又は内部統制システム運用義務の違反とならないための安全装置になり得る（森本140頁参照）。

第4節　業務を執行しない役員等の任務懈怠責任

1　非常勤の社外取締役

　ここまで業務執行取締役を中心に取り扱ったが，本節では業務を執行しない役員等の任務懈怠責任につき確認する。

　まず，非常勤の社外取締役は，原則として業務を執行せず（2条15号・348条の2参照），月1回程度開催される取締役会に出席し，その他の会議体等を含めても月数時間程度の審議に参加しているのが一般的である。また，監査役のような調査権限を有するものではなく，その役割は取締役会での助言，取締役の職務執行や内部統制システムの構築・運営状況の監視等が中心となる。

　このような役割分担の下で非常勤の社外取締役の任務懈怠が問題となる場合，原則として**監視義務違反**の場合に準じる審査基準が適用さ

れるが，業務執行取締役とは異なる情報量等に応じた柔軟な解釈運用が望ましい（森本115頁参照）。もっとも，兆候に接するなどして**取締役の不正**に関する**予見可能性**が生じた場合，監査役や取締役会と連携してやめさせる必要がある（357条・362条2項2号）。

なお，前述のような関与の仕方ではない場合なら，業務執行取締役とともに法令定款違反や経営判断原則違反に基づく任務懈怠が問われることもあり得よう。

2 上場会社の監査役

(1) 総 説

上場会社は，証券取引所の有価証券上場規程により**取締役会設置会社**かつ**会計監査人設置会社**であり，その監査役は会計に関する監査（389条1項）（以下「**会計監査**」という）及び会計以外の取締役の業務執行に関する監査（以下「**業務監査**」という）を行う。

なお，上場会社は3名以上の監査役による監査が予定される**監査役会設置会社**でもあるところ，通常は監査役の間（特に常勤監査役と非常勤社外監査役の間）で一定の**役割分担**がされる（390条2項3号）。この場合，例えば非常勤社外監査役は，常勤監査役が分担する監査事項については，これを疑うべき特段の事情がある場合を除きその監査結果を信頼することができると解される。

(2) 業務監査

監査役は取締役の職務執行の監査を職責とするが（381条1項），取締役会も取締役の職務の執行を監督する（362条2項2号）。取締役の職務執行につき，**取締役会**は**適法性**及び**妥当性**の両方，**監査役**は**適法性**の監査をする必要があるが，適法性には善管注意義務（330条，民644条）や忠実義務（355条）の違反も関連するため，実務では監査役は妥当性監査も相応に行っている。

　監査役の業務監査に関する善管注意義務違反については，基本的に**監視義務違反**の場合に準じる審査基準が適用される。

　(3)　会計監査

　会計監査人設置会社では，会計監査は会計の専門家である**会計監査人**が行うとの役割分担が前提となっている。**監査役**の会計監査の対象は，その監査報告の記載事項に鑑みれば，**①会計監査人の監査の方法及び結果の相当性**及び**②会計監査人の職務の遂行が適正に実施されることを確保するための体制**と解される（会社計算127条2号・4号・128条2項2号）。もっとも，これらを疑うべき特段の事情がある場合，監査役は会計監査人に再監査を求めるなどする必要があろう。

　監査役の会計監査に関する善管注意義務違反は，このような監査対象を前提に，基本的に**監視義務違反**に準じる基準により判断されよう。

　(4)　取締役による不正の予見可能性が生じた場合

　以上を通じ，兆候に接するなどして**取締役の不正**に関する**予見可能性**が生じた場合，監査役は業務財産状況調査権（381条2項・3項），取締役会招集請求権（383条2項），取締役の違法行為差止請求権（385条）等を有することより，これらを行使して取締役の不正行為をやめさせる必要がある。なお，役割分担を前提とする監査役会設置会社でも，各監査役はこれらの権限を単独で行使できる（390条2項柱書但書）（**監査役の独任制**）。

　日本監査役協会が定める「監査役監査基準」に準拠した監査役監査規程が内規として存在する会社では，監査役は当該規程が定める内容の義務を負うこととなり，任務懈怠責任が認められやすくなろう（大阪高判平成27・5・21金判1469号16頁［セイクレスト事件］〈百選A31事件〉）。

3　会計監査人

　会計監査人の責任が問題となった裁判例は少なく，問題となった事

例でも，任務懈怠責任ではなく**監査契約上の注意義務違反に基づく債務不履行責任**が問われることが多い。いずれにせよ，会計監査人の注意義務違反は，会計に関する専門家として**一般に公正妥当と認められる企業会計の慣行**（431条）や**一般に公正妥当と認められる監査に関する基準及び慣行**（財務諸表等の監査証明に関する内閣府令3条3項）に基づく適切な監査を行ったかが，行為時の企業会計審議会の監査基準や日本公認会計士協会の行為準則等に従い判断される（大阪地判平成20・4・18判時2007号104頁［ナナボシ事件］〈百選71事件〉）。

4　非公開会社の会計限定監査役

　非公開会社でも，**取締役会設置会社**は監査役を置かなければならないが（327条2項），業務監査をしなければならないなら監査役の成り手がいない。そのため，非公開会社では，監査役の監査の範囲を会計に関するものに限定する旨を定款で定めるのが一般的である（389条1項）（このような限定を付された監査役を以下「**会計限定監査役**」という）。

　会計限定監査役の任務懈怠責任が問われた事案で，東京高裁は，会計帳簿の信頼性欠如が容易に判明可能であったなどの特段の事情のない限り，会計限定監査役は会社作成の会計帳簿の記載内容を信頼して会社作成の計算関係書類等を監査すれば足るとし，会計限定監査役の任務懈怠責任を否定した（東京高判令和元・8・21金判1579号18頁）。しかし，その上告審は，財産状況調査権限（389条4項・5項）が与えられていることなどを理由に，会計限定監査役は，会計帳簿が信頼性を欠くことが明らかでない場合であっても，計算書類等に表示された情報が会計帳簿の内容に合致していることを確認しさえすれば常にその任務を尽くしたといえるものではないとして，前記東京高裁判決を破棄して原審に差し戻した（最判令和3・7・19金判1629号8頁）。今後の動向が注目される。

第3章　株主の権利行使に関する利益供与に関与した者の責任

第1節　総　説

1　趣旨等

120条（株主等の権利の行使に関する利益の供与）
1　株式会社は，／何人に対しても，／株主の権利……（省略）……の行使に関し，／財産上の利益の供与（当該株式会社又はその子会社の計算においてするものに限る。以下この条において同じ。）をしてはならない。
2　株式会社が／特定の株主に対して／無償で財産上の利益の供与をしたときは，／当該株式会社は，株主の権利の行使に関し，財産上の利益の供与をしたものと推定する。／株式会社が／特定の株主に対して／有償で財産上の利益の供与をした場合において，／当該株式会社又はその子会社の受けた利益が当該財産上の利益に比して著しく少ないときも，／同様とする。
3　株式会社が／第1項の規定に違反して／財産上の利益の供与をしたときは，／当該利益の供与を受けた者は，／これを／当該株式会社又はその子会社に返還しなければならない。／この場合において，／当該利益の供与を受けた者は，／当該株式会社又はその子会社に対して当該利益と引換えに給付をしたものがあるときは，／その返還を受けることができる。
4　株式会社が／第1項の規定に違反して／財産上の利益の供与をしたときは，／当該利益の供与をすることに関与した取締役（指名委員会等設置会社にあっては，執行役を含む。以下この項において同じ。）として法務省令［会社則21条］で定める者は，当該株式会社に対して，／連帯して，／供与した利益の価額に相当する額を／支払う義務を負う。／ただし，その者（当該利益の供与をした取締役を除く。）がその職務を行うについて注意を怠らなかったことを証明した場合は，／この限りでない。
（5項省略）

　120条は，上場会社における**総会屋への利益供与の根絶**のため昭和56年改正により設けられたが，「**何人に対しても**」（120条1項）とされるため総会屋に限らず広く適用され，非公開会社も含めて適用範囲が広くなる。その趣旨は**企業経営の健全性確保**及び**会社財産の浪費防止**と説明されるところ（神田78頁，逐条解説1巻170頁［岡田昌浩]），裁判例では規定の趣旨に即した合理的解釈がなされる例があり，学説も**社会通念上の相当性**があれば120条1項に該当しないなどとする（神田80頁他）。

　以下，**第2節**で**利益供与を受けた者の責任**（120条3項），**第3節**で**関与した取締役の責任**（120条4項）の要件事実を確認するが，**両責任の関係**につき，旧商法下では**供与を受けた者**の責任が**第一次**的責任で，**取締役の責任**は**第二次**的責任とするのが通説であった（類型別Ⅰ182頁）。この説によれば，会社はいずれの責任も追及できるが，利益供与を受けた者が会社に利益を返還していれば，取締役に対する請求額から当該返還額を控除すべきとされる。また，取締役が先に会社に支払えば，取締役は利益供与を受けた者に対する求償権を取得する（類型別Ⅰ182頁）。

　なお，いずれの責任についても，株主代表訴訟による責任追及が可能である（847条1項）。

2　要件事実の構成

　関与した取締役の責任（120条4項）の請求原因は，**利益供与を受けた者の責任**（120条3項）の請求原因に，「当該利益供与に関与した取締役として法務省令［会社則21条］で定める者」（同条4項）であること，言い換えれば会社法施行規則21条各号所定の**取締役の関与行為**が加えられた構成となっている。もっとも，会社に返還（同条3項）又は支払（同条4項）をすべき内容が両者で異なる点に注意が必要である（後出の第2節1 (9)及び第3節3 (3)参照）。

以下，【設例3-4】に即して整理する。

【設例3-4】

　原告会社X社は，代表取締役Y1，営業担当取締役Y2及び財務担当取締役Y3により取締役会を構成する**取締役会設置会社**である。

　Y1は，X社を代表して，**X社の株主Zの配偶者Z´**に対し，X社が所有する時価5000万円の土地（以下「**本件土地**」という）を2000万円で売却した（以下「**本件売買**」という）。本件売買は，X社が行った**粉飾決算**に関し，ZがX社の**株主総会**で**質問**をしないことの見返りとして行われた。なお，このような見返りとして本件売買が行われた事実を，**Y2は知っていたが，Y3は知らず**，知らなかったことにつき過失はなかった（(2)は(1)を前提としない）。

(1)　本件売買はX社の**取締役会決議**に基づき行われたところ，取締役Y2及びY3は当該決議に**賛成**した。

(2)　**本件土地**は，X社の子会社X´社が所有していたが，**X社代表取締役Y1がX´社に指示し，X´社の代表取締役Y4がZ´に売却**したものであった。

第2節　利益供与を受けた者の責任（120条3項）

1　請求原因

(1)　責任の性質

　120条1項違反の取引は無効であるから，利益供与を受けた者は給付不当利得の返還に関する**原状回復義務**（民121条の2第1項）を負うが，非債弁済(705条)又は不法原因給付(708条)により会社財産の回復を図れない可能性がある。よって120条3項が供与を受けた財産上の利益の返還義務を特に定めたもので，**不当利得の特則**とされる（逐条解説2巻173頁［岡田昌浩］，論点体系1巻411頁［山田和彦］）。

(2) **要件事実**（類型別 I 173頁・481頁（訴状例），岡口83頁（但し120条4項の解説）参照）

Kg1 原因行為：株主の権利行使に関する利益供与
(1) 利益の供与者（①又は②）
① 会社（【設例3−4】(1)の場合）
「Ｘ社は，」
② 子会社（【設例3−4】(2)の場合）
「Ｘ社の子会社であるＸ′社は，」
(2) 計算において
「自己の計算において，」
(3) 供与を受けた者
「Ｚ′に対し，」
(4) 財産上の利益の供与
「本件土地を売却した。」
(5) 株主の権利行使との関連性
「本件売買は，Ｘ社株主Ｚの議決権の行使に関してなされた。」
Kg2 返還対象：給付を受けた財産上の利益
「Ｚ′が供与を受けた利益は，本件土地である。」

---

(3) Kg1(3)：「何人に対しても」

「何人に対しても」（120条1項）とされているため，財産上の利益の供与を受ける者は株主に限られない。例えば，【設例3−4】のＺ′のような株主の近親者に利益を供与する場合も含む。

(4) Kg1(4)：「財産上の利益」の供与

「財産上の利益」（120条1項）の供与は，積極財産の供与に限られず，消極財産を消滅させる行為も含まれる。その他では，借入の連帯保証等もこれに当たり得る（司法試験平成30年度論文式問題参照）。

なお，財産上の利益の供与は，会社又は子会社の計算（120条1項括弧書）でなされる限り，誰の名義でなされたかを問わない。

(5)　Kg1(5):「株主の権利」

「株主の権利」（120条1項）は，株主として行使する全ての権利を含む。議決権，株主提案権及び代表訴訟提起権等の共益権のみならず，株式買取請求権等の自益権も含む。

(6)　Kg1(5):「株主の権利の行使」と株式譲渡

株式譲渡は，原則として「株主の権利の行使」ではないが，いわゆる**株付け**（総会屋等が株主の権利の行使に関して会社から利益の供与を受けることを目的として当該会社の株式を取得する行為）等は規制対象とする必要がある。よって，**会社から見て好ましくないと判断される株主が議決権等の株主の権利を行使することを回避する目的**で，当該株主から株式を譲り受けるための対価を何人かに供与する行為は，「株主の権利の行使に関し」利益を供与する行為となる（最判平成18・4・10民集60巻4号1273頁［蛇の目ミシン工業事件］〈百選12事件〉）。

(7)　Kg1(5):「関し」

株主の権利の行使に「関し」とされるためには，客観的に株主の権利行使に影響が及ぶ可能性があるだけでは足りず，会社に株主の権利行使に影響を与える主観的意図があることが必要とする裁判例がある（高松高判平成2・4・11金判859号3頁。類型別Ⅰ179頁，岡口80頁（但し120条4項の解説））。

(8)　Kg1(5):株主の権利の行使との関連性の推定（120条2項）

利益供与が「株主の権利の行使に関し」てなされた事実の立証は困難であるから，そのような蓋然性の高い供与につき推定規定（120条2項）が設けられている。当該推定規定を用いる場合のKg1(5)は，以下の内容に差し替わる。

Kg1(5)株主権の行使との関連性（①又は②）
「当該利益供与につき，以下の事実が認められる。」

①　無償の場合

「原告会社の特定の株主に，無償で財産上の利益を供与するものである。」

②　有償だが著しく低価な場合

「原告会社の特定の株主に供与した財産上の利益に比して，原告会社（子会社）が受けた利益は著しく少ない。」

　　「よって，当該利益供与は，株主権の行使に関しなされたものと推定される。」

　なお，120条2項は**「特定の株主」**が利益供与を受ける場合のみに適用されるため（120条2項），X社の「株主」ではないZ′に利益供与がなされている**【設例3－4】**では，120条2項は適用されない（逐条解説2巻172頁〔岡田昌浩〕参照）。「株主の権利の行使に関し」てなされた蓋然性が高いとは言えないからであろう。

　（9）　Kg2：返還対象

　Z′が返還することを要するのは，**供与を受けた利益**，**【設例3－4】**では**本件土地**であって，本件土地の時価（5000万円）と代金（2000万円）の差額の3000万円ではない。120条3項が**民法の不当利得の特則**とされる所以である。もっとも，Z′はX社に給付した2000万円の返還を受けることができる（120条3項但書。後出2(2)参照）。

　（10）　効　果

　請求原因充足の効果は，次のとおりである。

「よって，」
(1)　会社が原告の場合（【設例3－4】(1)のX社）
「X社は，」
(2)　子会社が原告の場合（【設例3－4】(2)のX′社）
「X′社は，」
　　「Z′に対し本件土地の返還を請求することができる。」

2　抗　弁

(1)　関連性の推定（120条2項）の覆滅

利益の供与を受けた者は，株主の権利行使と関連しない理由から供与されたことを主張立証すれば，責任を負わない。なお，従業員持株会等につき**3**を参照されたい。

(2)　同時履行の抗弁（120条3項但書，民533条）

当該利益の供与を受けた者は，会社又はその子会社に対して当該**利益**と**引換**えに**給付**をしたものがあるときは，その返還を受けることができる（120条3項後段）。よって，**【設例3―4】**では，Ｚ´はＸ社（**【設例3―4】**(1)の場合）又はＸ´社（**【設例3―4】**(2)の場合）に給付した2000万円の返還を請求することができ，Ｘ社らの不動産の返還請求とＺ´の2000万円の返還請求は同時履行の関係（民533条）に立つ（コンメンタール3巻262頁［森田章］）。

(3)　免　除

立案担当者は，会社又は子会社は，会社の総株主の同意がなくても，業務執行の一環として利益供与を受けた者の支払義務を免除できるとする（論点解説128頁）。120条5項のような規定がないためであろうが，利益供与を受けた者が株主代表訴訟の対象となることを理由に疑義が呈されている（逐条解説2巻182頁［岡田昌浩］）。

3　実務上問題となる例

前述のとおり，120条1項を形式的に解釈すれば適用範囲が広くなるため，規定の趣旨に即した合理的解釈がなされる場合がある。以下，実務上問題となる例を示す。

(1)　従業員持株会

従業員による自社株式の取得を促進するため，会社が奨励金の支給等を内容とする従業員持株会制度を設ける場合があり，このような**奨励金**は，多くの場合，120条2項により「株主の権利の行使に関し」て

供与されたと推定される。そのため，実務では，従業員の資産形成ないし福利厚生の一環としての制度設計をする，議決権等の行使につき取締役らの影響を排除する仕組みとするなどして，推定を覆滅できるようにしている（逐条解説2巻178頁［岡田昌浩］参照）。

(2)　株主優待制度等

上場会社では，一定の要件を満たす株主に自社製品等を供与する**株主優待制度**を設ける，株主総会出席者に自社製品等を**土産**として供与する，株主総会終了後に**株主懇談会**を開いて飲食提供を行うなどする例がある。これらについては，**社会通念上相当な範囲内**であれば原則として適法と解されている（論点体系1巻409頁［山田和彦］）。

(3)　株主総会における議決権の行使を促すための粗品の供与

株主提案による委任状勧誘が展開されている状況下において，会社が議決権を行使した株主にQUOカードを供与した事案がある。裁判所は，①株主の権利行使に影響を及ぼすおそれのない**正当な目的**に基づき供与される場合であって，②個々の株主に供与される額が**社会通念上許容される範囲**のものであり，③株主全体に供与される総額が**会社の財産的基礎**に影響を及ぼすものでないときには，例外的に違法性を有しないとした（東京地判平成19・12・6判タ1258号69頁［モリテックス事件］〈百選31事件〉）。もっとも，当該事案では，株主宛の郵便物に会社提案への賛同を求める文言があること，白紙で返送された議決権行使書は会社提案に賛成と扱われることなどから上記要件を満たさず，120条1項違反とされた。

第3節　取締役の責任（120条4項）

1　総　説

会社が利益供与を受けた者から返還を受けることは，事実上困難で

ある。他方，取締役の任務懈怠責任（423条1項）を追及しようにも，会社が利益供与を受けた者に対する請求権（120条3項）を有することから会社に「損害」がなく，成り立たない（逐条解説2巻174頁［岡田昌浩］）。そこで120条4項は，**企業経営の健全性確保**及び**会社財産の浪費防止**のため，関与した取締役につき任務懈怠責任（423条1項）とは異なる特別な責任を認める。

　なお，**「当該利益供与をした取締役」**（120条4項但書括弧書）は**無過失責任**，その他の関与行為をした取締役は**立証責任が取締役に転換された過失責任**を負う（120条4項但書）。

2　取締役の関与行為（会社則21条）

> 会社法施行規則21条（利益の供与に関して責任をとるべき取締役等）
> **法第120条第4項に規定する法務省令で定める者は，／次に掲げる者とする。**
> 一　**利益の供与**（法第120条第1項に規定する利益の供与をいう。以下この条において同じ。）に**関する職務を行った／取締役及び執行役**
> 二　**利益の供与が取締役会の決議に基づいて行われたときは，／次に掲げる者**
> 　イ　**当該取締役会の決議に賛成した／取締役**
> 　ロ　**当該取締役会に当該利益の供与に関する議案を提案した／取締役及び執行役**
> 三　**利益の供与が株主総会の決議に基づいて行われたときは，／次に掲げる者**
> 　イ　**当該株主総会に当該利益の供与に関する議案を提案した／取締役**
> 　ロ　**イの議案の提案の決定に同意した取締役**（取締役会設置会社の取締役を除く。）
> 　ハ　**イの議案の提案が取締役会の決議に基づいて行われたときは，／当該取締役会の決議に賛成した／取締役**
> 　ニ　**当該株主総会において当該利益の供与に関する事項について説明をした／取締役及び執行役**

　取締役の関与行為は，以下のとおり整理される。

　(1)　取締役会決議又は株主総会決議に基づかずに行われた場合

①　利益供与に関する職務を行った取締役（会社則21条1号）

　(2)　取締役会決議に基づいて行われた場合

①　利益供与に関する職務を行った取締役（会社則21条1号）

②　取締役会の決議に賛成した取締役（同条2号イ）

③　取締役会に当該利益供与議案を提案した取締役（同号ロ）

　(3)　株主総会決議に基づいて行われた場合

①　利益供与に関する職務を行った取締役（会社則21条1号）

②　株主総会に当該利益供与議案を提案した取締役（同条3号イ）

③　非取締役会設置会社の場合：②の議案の提案の決定に同意した取
　締役（同号ロ）

　　取締役会設置会社の場合：②の議案を提案する取締役会決議に賛
　成した取締役（同号ハ）

④　株主総会において当該利益供与に関する事項につき説明をした取
　締役（同号ニ）

　このような「**関与した取締役……として法務省令で定める者**」（120
条4項他）の内容は，規定の体裁は変わっても，**第4章以下で扱う他の
関与型の責任**においても概ね同様である（第1章1参照）。

3　請求原因

　(1)　要件事実

　【設例3－4】(1)のＹ1～Ｙ3の場合の要件事実は，以下のとおりとな
る。

Kg1　原因行為：株主の権利行使に関する利益供与
　（Ｚ´の場合のKg1と同じ）

Kg2　取締役の関与行為
(1)　Y1の場合：会社則21条1号
「被告Y1は，利益供与に関する職務を行った。」
(2)　Y2・Y3の場合：会社則21条2号イ
「被告Y2及びY3は，利益供与に係る取締役会の決議に賛成した。」
Kg3　取締役の支払額：供与した利益の価額に相当する額
「当該供与した利益の価額に相当する額は，5000万円である。」

(2)　Kg2：子会社の計算による利益供与の場合の「関与した取締役」

【設例3−4】(2)のような**子会社の計算により利益供与がなされた場合**，立案担当者は，**親会社X社の「関与した取締役」であるY1らが，親会社X社に対し支払義務を負う**とする（論点解説128頁・130頁）。120条は任務懈怠に基づく損害賠償責任（423条1項）の特則で，少なくとも供与された利益額につき親会社に損害が発生したものとみなすからとされるが，親会社X社の計算で供与された利益がないことを理由とする反対説もある（逐条解説2巻184頁［岡田昌浩］）。

他方，**子会社X′社の取締役Y4は，120条4項の責任主体とならない**。120条4項及び会社法施行規則21条は，あくまで親会社の取締役を「関与した取締役」としており，子会社の取締役は責任主体とならないからとされる。もっとも，子会社X′社の取締役Y4が子会社X′社に対し，法令違反による任務懈怠責任（423条1項）を負うことはあり得る（逐条解説2巻184頁［岡田昌浩］）。

(3)　Kg3：「供与した利益の価額に相当する額」（120条4項）

利益供与を受けた者Z′は，供与を受けた「**財産上の利益**」（120条3項）（【設例3−4】(1)(2)の場合は**本件土地**）そのものの返還義務を負う（120条3項）。

これに対し，**関与した取締役**は，「**供与した利益の価額に相当する額**」（120条4項），【**設例3−4**】(1)(2)の場合は供与した不動産の時価である

5000万円（会社の損害である3000万円ではない）を支払う義務を負う（120条4項）。立案担当者は，前述のとおり，120条4項の責任は供与された利益額に相当する損害が親会社に生じたものとみなす制度と説明しているから（論点解説128頁），このような結論となろう。

　（4）　子会社の計算による利益供与の場合の請求権者（「当該株式会社に対して」（120条4項））

　利益の供与を受けた者の場合は「当該株式会社又はその子会社」（120条3項）に返還しなければならないとされているのに対し，関与した取締役は「当該株式会社」（120条4項）（「又はその子会社」の記載がない）に対してのみ支払義務を負うとの書振りである。そのため，子会社X′社の計算による利益供与である【設例3−4】(2)の場合，関与した取締役は，5000万円の支払義務をX社（利益を供与した子会社X′社ではない）に対して負うこととなる（論点解説130頁）。立案担当者は，子会社の計算による利益供与の場合でも，120条4項の責任は，親会社における株主の権利の行使に関し不正が行われたことにより生じた具体的な損害額の如何にかかわらず，供与額についての損害が親会社に生じたものとみなすからと説明する。

　（5）　効　果

　請求原因充足の効果は，次のとおりである。

> 「よって，被告Y1，Y2及びY3はX社に対し，連帯して5000万円を支払う義務を負う。」

　複数の取締役が責任を負う場合，連帯債務者となる（120条4項）。

4　抗　弁

　第2節2(1)で取り扱ったものの他に，以下のものを解説する。

(1)　職務を行うにつき注意を怠らなかったことの証明（120条4項但
　　書）

「**当該利益供与をした取締役**」（120条4項但書括弧書）は，無過失責任
を負う。これに該当するのは，「**利益の供与に関する職務を行った取
締役**」（会社則21条1号）と解されているが，無過失責任の厳格性に鑑み
れば，事実行為を行った取締役ではなく，法的に利益の供与をしたと
評価される取締役に限定すべきとの説がある（森本17頁）。

(2)　損害不発生の抗弁

120条4項の責任は，違法な利益供与により会社に生じた損害を賠償
させるものではなく，会社が供与した利益自体を問題とするものであ
る。よって，取締役は会社に損害が生じていないことを抗弁とするこ
とができない（類型別Ⅰ183頁）。

(3)　総株主の同意による免除（120条5項）

取締役会の承認（365条1項・356条1項2号）を得れば取締役の債務を免
除できるとすると，120条による法規制が潜脱される。そのため，120
条4項所定の取締役の責任は，総株主の同意がなければ免除できない
（120条5項）。

5　任務懈怠責任との関係

(1)　関与した取締役の場合

関与した取締役については，120条1項に違反しているため，**120条4
項による支払義務の対象とならない損害**（例えば利益供与事件を理由
とする入札資格停止による逸失利益相当損害）につき，**法令違反**によ
る**任務懈怠責任**（423条1項）を負うことがある（森本18頁）。

(2)　関与した取締役以外の場合

例えば，【**設例3−4**】の利益供与が取締役会又は株主総会の決議に基
づかずに行われた場合（前出**2**(1)），利益の供与に関する職務を行っ

た取締役Y1（会社則21条1号）以外の取締役Y2及びY3については，取締役の関与行為（会社則21条）がなく，120条4項の責任は認められない。このような場合の取締役Y2及びY3については，**監視義務違反**等による**任務懈怠責任**（**423条1項**）を検討することとなる（逐条解説2巻183頁［岡田昌浩］）。

第4章　新株発行の出資に瑕疵がある場合の関係者の責任

　第4章では，新株発行の出資に何らかの瑕疵がある場合，具体的には①**金銭出資の払込金額が著しく不公正な場合**，②**現物出資財産の価額が著しく不足する場合**及び③**出資の履行を仮装した場合**の関係者の責任を取り扱う。取締役の**関与型の責任**は，②及び③では用意されているが，①では用意されていない。

第1節　金銭出資の払込金額が著しく不公正な場合

第1款　通謀引受人の責任（212条1項1号）

1　請求原因

212条（不公正な払込金額で株式を引き受けた者等の責任）
1　募集株式の引受人は，／次の各号に掲げる場合には，／株式会社に対し，／当該各号に定める額を／支払う義務を負う。
一　取締役（指名委員会等設置会社にあっては，取締役又は執行役）と通じて／著しく不公正な払込金額で／募集株式を引き受けた場合

／当該払込金額と当該募集株式の公正な価額との差額に相当する金額

（二号省略）

（2項省略）

(1) 法的性質

金銭出資の払込金額が著しく不公正な場合に，一定要件下で引受人に差額の支払義務を負わせる。責任の法的性質については，不法行為責任の特則（LQ341頁［松井秀征］，森本20頁），あるいは引受人に実質的に**追加出資義務**を負わせるために法律が特に定めた責任（コンメンタール5巻149頁・153頁［小林量］参照）と説明される。

なお，株主代表訴訟による責任追及が可能である（847条1項）。

(2) 要件事実

Kg1　原因行為：著しく不公正な払込金額での募集株式の引受け

(1)　引受人

「被告は，原告会社の募集株式の引受人である。」

(2)　取締役との通謀による著しく不公正な払込金額

①　著しく不公正な払込金額

「払込金額α円は，募集株式の公正な価格β円と比べ著しく不公正である。」

②　取締役との通謀

「このような引受けにつき，被告は原告会社の取締役と通じていた。」

Kg2　受益者の支払額：払込金額と公正価額の差額

「払込金額α円と募集株式の公正な価額β円の差額は，γ円である。」

(3)　Kg1(2)①：「著しく不公正な払込金額」

「著しく不公正な払込金額」（212条1項1号）は，有利発行規制で言うところの**「特に有利な金額」（199条3項）**と同義とされる（高橋他326頁［久保田安彦］，LQ341頁［松井秀征］，コンメンタール5巻149頁・151頁［小林量］）。

（4）　効　果

請求原因充足の効果は，次のとおりである。

> 「よって，原告会社は被告に対し，γ円の支払を請求することができる。」

2　有利発行規制との関係

「著しく不公正な払込金額」（212条1項1号）が「特に有利な金額」（199条3項）と同義とすると，有利発行規制（199条2項・3項）と通謀引受人の責任（212条1項1号）の関係を整理する必要がある。

この点，**有利発行規制を遵守した場合**，手続を遵守したのであるから，通謀引受人の責任（212条1項1号）は原則として生じない（田中532頁）。

他方，株主総会の特別決議（199条2項・201条1項・309条2項5号）を経なかったなど**有利発行規制に違反した場合**，通謀引受人の責任（212条1項1号）が生じるが，当該責任を追及する前提として株主総会決議を取り消す必要はない（田中533頁）。通謀引受人の責任は，株主総会決議と別問題だからである。

第2款　取締役の責任

1　問題の所在

取締役につき，現物出資財産の価額が著しく不足する場合は関与型の責任（213条）が用意されているが，金銭出資の払込金額が著しく不公正な場合に同様の定めはなく，任務懈怠による責任を検討することとなる。

まず，**有利発行規制に違反した場合**，取締役に**法令違反**による**任務懈怠**が認められる。

次に，**有利発行規制を遵守した場合**，法令違反による任務懈怠はな

いが，多数派株主である代表取締役に少数派株主の株式の価値を毀損する著しく低廉な払込金額で発行するなどされた事案で，代表取締役**に公正な方法により募集株式を発行すべき善管注意義務**の違反による任務懈怠ありとした裁判例がある（東京地判平成30・3・22判タ1472号234頁。取締役に429条1項，会社に350条による損害賠償責任を肯定）。

　任務懈怠ありとされる場合，取締役につき会社に対する任務懈怠責任（423条1項），**株主に生じた直接損害の賠償責任**（429条1項）**のいずれを問うのか。【設例3−5】**により整理する（設例及び以下の解説につき田中534頁参照）。

【設例3−5】
　1株の**公正な価格が20万円**である**X社の取締役Y**が，**株主総会特別決議**を経ずに1株5万円で100株の新株発行を行い，**500万円の資金を調達**した。**X社の株主 x が取締役Y の責任を追及する場合**，どのような方法によるべきか。

2　学説及び裁判例

(1)　会社に対する任務懈怠責任（423条1項）とする説

　取締役Yは，①「1株5万円ではなく，公正価格20万円で100株の新株発行をして2000万円の資金を調達すべきであった」として，**X社**に1500万円（2000万円−500万円）の**逸失利益相当損害**が生じたとする（責任肯定例として東京地判平成12・7・27判タ1056号246頁。否定例として東京高判昭和48・7・27判時715号100頁〈百選95事件〉，最判平成27・2・19民集69巻1号51頁［アートネイチャー事件］〈百選21事件〉）。株主 x は**株主代表訴訟**により取締役Yの責任を追及するが（847条），通謀引受人に対し差額支払請求権（212条1項1号）を有するX社に「損害」（423条1項）があるか，疑義もある。

(2)　株主に対する直接損害の賠償責任（429条1項）とする説

取締役Yは，②「500万円の資金を調達するなら，1株の公正な価格は20万円ゆえ250株のみの新株発行をすべきであった」，あるいは，③「設例のような新株発行をすべきでなかった」として，設例の100株の新株発行により**株主x**に**保有株式の価値の希釈化**による**直接損害**が生じたと構成する（責任肯定例として東京地判平成4・9・1判時1463号154頁，大阪高判平成11・6・17判時1717号144頁〈百選A26事件〉，前出東京地判平成30・3・22等）。

(3)　いずれの構成も可能との説

取締役Yが本来すべきであった行為が前記①〜③のいずれかを株主xが特定することは困難ゆえ，(1)・(2)いずれの構成も可能とする（田中534頁）。

実務は基本的に(3)の考え方で行われていると思うが，①〜③の中では②がより適切な注意義務の構成ではないかと解され，裁判例でも(2)の類型の方が請求認容が多いようである（百選21事件の解説［杉田貴洋］参照）。なお，取締役の責任は株主総会決議と別問題ゆえ，取締役の責任を追及する前提として株主総会決議を取り消す必要はない（田中533頁）。

第2節　現物出資財産の価額が著しく不足する場合

第1款　現物出資者の責任（212条1項2号）

1　総　説

212条（不公正な払込金額で株式を引き受けた者等の責任）
1　募集株式の引受人は，／次の各号に掲げる場合には，／株式会社に

対し，／当該各号に定める額を／支払う義務を負う。

（一号省略）

二　第209条第1項［株主となる日等］の規定により募集株式の株主とな
った時における／その給付した現物出資財産の価額が／これについ
て定められた第199条第1項第3号の価額［現物出資財産の価額］に／著
しく不足する場合／　当該不足額

2　前項第2号に掲げる場合において，／現物出資財産を給付した募集
株式の引受人が／当該現物出資財産の価額がこれについて定められた
第199条第1項第3号の価額に著しく不足することにつき／善意でかつ
重大な過失がないときは，／募集株式の引受けの申込み又は第205条
第1項の契約に係る意思表示を／取り消すことができる。

　現物出資者の責任（212条1項2号）については，金銭出資が不足する場
合（212条1項1号）と異なり，取締役との通謀は要件とされない。現物出
資者は無過失責任を負うことより，一種の**瑕疵担保責任**（契約不適合
責任）とされる（森本21頁参照）。なお，株主代表訴訟による責任追及が
可能である（847条1項）。

　【設例3－6】に即して，第1款で**現物出資者の責任**（212条1項2号），第
2款で関与した取締役の責任（213条1項）の要件事実を確認する。

【設例3－6】
　原告会社X社は，代表取締役Y1，営業担当取締役Y2及び財務担当取
締役Y3により取締役会を構成する**取締役会設置会社**である。
　X社が行った新株発行の**引受人**であるZは，**株主総会決議**により価額
が**5億円**であると決定（199条1項3号）されたZ所有**土地**（以下「**本件土地**」
という）をX社に**現物出資**したが，本件土地は，**土壌汚染**のため，実際
にはZが**株主となった時点で1億円**の価値しかなかった。Y1は現物出資
財産である当該土地の価額の決定に関する**職務**を行い，Y2は本件土地
の価額を決定した株主総会に当該**議案**を**提案**する取締役会において**賛成**
し，Y3は本件土地の価額を決定した**株主総会**において価額につき**説明**

した。なお，現物出資財産の価額につき，207条9項4号所定の証明を受けたため，裁判所が選任した検査役（207条2項）の調査を経ていない。

　本件土地に土壌汚染の可能性があることにつき，Y1及びY2は予見可能であったが，Y3はこの点を予見することは不可能であった。

2　請求原因

(1)　要件事実

Kg1　原因行為：199条1項3号の価額に著しく不足する現物出資

(1)　現物出資

「被告Zは，原告X社に現物出資をした募集株式の引受人である。」

(2)　著しい不足

「被告Zが株主となった時における現物出資財産の価額である1億円は，原告X社が募集事項として決定した価額（199条1項3号）である5億円に著しく不足する。」

Kg2　支払額：不足額

「当該不足額は，4億円（5億円－1億円）である。」

---

(2)　Kg1(2)：現物出資財産の「価額」の算定基準時

　現物出資財産の価額を決する基準日は，現物出資財産の価額（199条1項3号）が募集事項として決定された時ではなく，それより後の，**現物出資者が「株主となった時」**（212条1項2号），即ち，現物出資財産の給付の**期日**（履行期日を定めた209条1項1号の場合）又は現物出資の**履行日**（履行期間を定めた同項2号の場合）である。よって，募集事項の決定（199条1項）をした後に現物出資財産の価額が下落した場合にも，本責任が発生し得る。

(3)　Kg1(2)：現物出資財産の価額が「著しく不足」する場合

　前記基準日時点の現物出資財産の価額が，原告会社が決定した199

条1項3号の決定価額からどの程度乖離すれば「著しく不足」するとされるのか。現物出資財産の実価（幅があればその最大値）を基準に**1割**以上超過するかどうかを一応の目安とすべきとの解説（213条1項の前身である旧商法280条ノ13ノ2第1項・2項に関する『新版注釈会社法補巻平成2年改正』252頁［龍田節］（有斐閣，平成4年）），不足額が20〜30％であれば「著しく」不足するとの解説（52条1項の前身である旧商法192条ノ2第1項に関する法務省民事局参事官室編『一問一答改正会社法』119頁（商事法務研究会，平成2年））がある。

(4)　効　果

請求原因充足の効果は，以下のとおりである。

> 「よって，原告X社は被告Zに対し，4億円の支払を請求することができる。」

3　抗　弁

現物出資財産を給付した募集株式の引受人は，当該現物出資財産の価額が199条1項3号の価額に著しく不足することにつき**善意・無重過失**の場合，募集株式の引受けの申込み又は総数引受契約に係る意思表示の取消しが可能となり（212条2項），責任を免れることができる。

例えば，現物出資財産の隠れた瑕疵に，現物出資者が気づいていなかった場合もある。また，**2 (2)**で解説したとおり，現物出資財産の価額が「株主となった時」（212条1項2号）を基準時として算定されるため，現物出資財産の価額が募集事項として決定された後に1割以上下落し，199条1項3号の価額に著しく不足するに至ることもあり得る。このような場合もあるため，善意・無重過失の現物出資者は212条2項により責任を免れることができる。

第2款　取締役の不足額填補責任（213条1項）

1　総　説

213条（出資された財産等の価額が不足する場合の取締役等の責任）
1　**前条第1項第2号に掲げる場合**［現物出資財産の価額が199条1項3号の決定
価額に著しく不足する場合］**には，／次に掲げる者**（以下この条において
「取締役等」という。）**は，／株式会社に対し，／同号に定める額を支
払う義務を負う。**
　一　**当該募集株式の引受人の募集に関する職務を行った業務執行取締
役**（指名委員会等設置会社にあっては，執行役。以下この号におい
て同じ。）**その他当該業務執行取締役の行う業務の執行に職務上関
与した者として法務省令**［会社則44条］**で定めるもの**
　二　**現物出資財産の価額の決定に関する株主総会の決議があったとき
は，／当該株主総会に議案を提案した取締役として法務省令**［会社則
45条］**で定めるもの**
　三　**現物出資財産の価額の決定に関する取締役会の決議があったとき
は，／当該取締役会に議案を提案した取締役**（指名委員会等設置会
社にあっては，取締役又は執行役）**として法務省令**［会社則46条］**で定
めるもの**
2　**前項の規定にかかわらず，／次に掲げる場合には，／取締役等は，
／現物出資財産について同項の義務を負わない。**
　一　**現物出資財産の価額について第207条第2項の検査役の調査を経た
場合**
　二　**当該取締役等がその職務を行うについて注意を怠らなかったこと
を証明した場合**
（3～4項省略）

　現物出資財産の価額が著しく不足する場合に，**資本充実の原則**によ
り，関与した取締役に不足額の填補責任を負わせる（213条1項）。**証明
責任が取締役に転換された過失責任**である（213条2項2号）。なお，株主

代表訴訟による責任追及が可能である（847条1項）。

2　取締役の関与行為（会社則44条～46条）

（出資された財産等の価額が不足する場合に責任をとるべき取締役等）
会社法施行規則44条
法第213条第1項第1号に規定する法務省令で定めるものは，／次に掲げる者とする。
一　**現物出資財産**（法第207条第1項に規定する現物出資財産をいう。以下この条から第46条までにおいて同じ。）**の価額の決定に関する職務を行った**／取締役及び執行役
二　現物出資財産の価額の決定に関する株主総会の決議があったときは，／当該株主総会において当該現物出資財産の価額に関する事項について説明をした／取締役及び執行役
三　現物出資財産の価額の決定に関する取締役会の決議があったときは，／当該取締役会の決議に賛成した／取締役

会社法施行規則45条
法第213条第1項第2号に規定する法務省令で定めるものは，／次に掲げる者とする。
一　株主総会に／現物出資財産の価額の決定に関する議案を提案した／取締役
二　前号の議案の提案の決定に同意した／取締役（取締役会設置会社の取締役を除く。）
三　第1号の議案の提案が取締役会の決議に基づいて行われたときは，／当該取締役会の決議に賛成した／取締役

会社法施行規則46条
法第213条第1項第3号に規定する法務省令で定めるものは，／取締役会に現物出資財産の価額の決定に関する議案を提案した／取締役及び執行役とする。

3か条に分かれるが，現物出資財産の価額決定方法に応じて整理すると，株主の権利行使に関する利益供与（120条4項，会社則21条）の場合と同様であることが分かる。

　(1)　取締役会決議又は株主総会決議に基づかずに行われた場合

①　現物出資財産の価額決定に関する職務を行った取締役（会社則44条1号）

　(2)　株主総会決議に基づいて行われた場合

①　現物出資財産の価額決定に関する職務を行った取締役（会社則44条1号）

②　現物出資財産の価額を決定した株主総会において価額につき説明した取締役（同条2号）

③　株主総会に現物出資財産の価額決定議案を提案した取締役（会社則45条1号）

④　非取締役会設置会社の場合：③の議案の提案の決定に同意した取締役（同条2号）

　　取締役会設置会社の場合：③の議案の提案を決議した取締役会の決議に賛成した取締役（同条3号）

　(3)　取締役会決議に基づいて行われた場合

①　現物出資財産の価額決定に関する職務を行った取締役（会社則44条1号）

②　現物出資財産の価額を決定した取締役会の決議に賛成した取締役（同条3号）

③　取締役会に価額決定議案を提案した取締役（会社則46条）

3　請求原因

　(1)　要件事実

　【設例3−6】のY1〜3の場合，以下のとおりとなる。

> Kg1　原因行為：199条1項3号の価額に著しく不足する現物出資
> （現物出資者の場合と同じ）
> Kg2　取締役の関与行為
> 「原告X社の取締役として，」
> (1)　Y1の場合：会社則44条1号
> 「被告Y1は，現物出資財産である当該土地の価額の決定に関する職務
> を行った。」
> (2)　Y2の場合：会社則45条3号
> 「被告Y2は，現物出資財産の価額を決定した株主総会に当該議案を提
> 案する取締役会の決議に賛成した)。」
> (3)　Y3の場合：会社則44条2号
> 「被告Y3は，現物出資財産の価額を決定した株主総会において価額に
> つき説明した。」
> Kg3　取締役の支払額：不足額
> 「212条1項2号に定める不足額は，4億円である。」

(2)　効　果

請求原因充足の効果は，以下のとおりである。

> 「よって，原告X社は被告Z，Y1，Y2及びY3に対し，4億円の支払を
> 請求することができる。」

現物出資者Zが212条1項2号により，関与した**取締役Y1～Y3**が213条1項により支払義務を負う場合，これらの者は**連帯債務者**となる（213条4項1号）。

4　抗　弁

(1)　213条2項所定の免責

関与した取締役（会社則44条～46条）は，**現物出資財産の価額につき裁判所が選任した検査役**（207条2項）**の調査を経た場合**及び**職務を行うにつき注意を怠らなかったことを証明した場合**は，**責任を負わない**（213条2項1号・2号）。【**設例3－6**】のY3は，後者により免責され得る。

(2)　免　除

　後出の仮装払込をした引受人については，「総株主の同意がなけれ
ば，免除できない」旨の規定があるが（213条の2第2項），現物出資財産の
価額不足に関与した取締役につきそのような規定はない（213条）。こ
のことは，現物出資財産の価額不足に関与した取締役の責任を，総株
主の同意がなくても，取締役会の承認（365条1項・356条1項2号）があれば
免除できることを意味する。新株発行の際の仮装払込では，既存株主
が有する株式の価値の希釈化により仮装払込をした株主への利益移転
が生じるが，現物出資財産の価額不足に関与した取締役は利益の移転
を受けていないからであろう（コンメンタール5巻164頁［小林量］）。

第3節　出資の履行を仮装した場合

第1款　引受人の責任（213条の2第1項）

1　総　説

213条の2（出資の履行を仮装した募集株式の引受人の責任）
1　募集株式の引受人は，／次の各号に掲げる場合には，／株式会社に
　対し，／当該各号に定める行為をする義務を負う。
　一　第208条第1項［金銭出資の履行］の規定による払込みを仮装した場
　　合／　払込みを仮装した払込金額の全額の支払
　二　第208条第2項［現物出資の履行］の規定による給付を仮装した場合
　　／　給付を仮装した現物出資財産の給付（株式会社が当該給付に代
　　えて当該現物出資財産の価額に相当する金銭の支払を請求した場合
　　にあっては，当該金銭の全額の支払）
2　前項の規定により募集株式の引受人の負う義務は，／総株主の同意
　がなければ，／免除することができない。

(1)　出資の履行が仮装された場合の払込の効力等

出資の履行が仮装された場合，平成26年改正により，出資の履行を仮装した引受人は払込金額の支払義務を負い（213条の2第1項），当該支払をするまで株主の権利を行使できないとされた（209条2項）。よって，出資の履行が仮装された場合に当然失効の原則（208条5項）は適用されず，当該引受人を株主として**募集株式の発行の効力が生じる**と解される。また，出資の履行の仮装は，新株発行無効の訴えの無効事由とならないとの理解が有力である（田中513頁。**第1編第3章第2節2(2)参照**）。

(2)　出資の履行を仮装した引受人の責任

このように，出資の履行を仮装した引受人が有効に株式を取得するなら，既存株主が有する株式の価値が希釈化されることにより，**既存株主から出資の履行を仮装した引受人への不当な価値の移転**が生じる。よって，本来出資すべきであった財産を当該引受人に出資させ，他の株主から不当に移転を受けた価値を実質的に返還させるのが213条の2第1項の趣旨とされる（一問一答平成26年改正153頁）。

以下，**金銭出資の履行を仮装した場合**である【設例3－7】に即して，**第1款で引受人の責任**（213条の2），**第2款で関与した取締役の責任**（213条の3）の要件事実を確認する。いずれについても，株主代表訴訟による責任追及が可能である（847条1項）。

【設例3－7】
　原告会社X社は，**代表取締役Y1，営業担当取締役Y2及び財務担当取締役Y3**により取締役会を構成する**取締役会設置会社**である。
　業績不振中のX社は，店舗大規模改装のためとして，**株主総会決議**により払込金額を1株5万円とする2000株の新株発行を行ったところ，その全部の**引受人であるZ**は，8000万円を**A銀行**から借り入れて当該引受株式の払込金額1億円をX社に払い込んだ。その翌日，Y1は変更登記申請に必要な手続をすると直ちに8000万円をX社の銀行預金口座から引き出

してＺに交付し，Ｚは直ちにこれをもってＡ銀行に対して前記借入金債務を弁済した。その後店舗大規模改装はなされず，Ｘ社は倒産した。

　Ｙ2及びＹ3は，当該株主総会議案を提案する取締役会決議に賛成したが，Ｙ2は前述のような払込金の移動がなされることを知らず，知らなかったことにつき過失はなかった。Ｙ3は，Ｙ1が前記銀行預金口座からの8000万円を引き出すであろうと気が付きながら，これを阻止しなかった。

2　請求原因

(1)　要件事実

Kg1　原因行為：仮装払込
(1)　引受人
「被告Ｚは，原告Ｘ社の募集株式の引受人である。」
(2)　出資の履行の仮装
「被告Ｚは，募集株式の払込金額1億円を原告Ｘ社に払い込んだ後，原告Ｘ社より8000万円の払戻しを受けたところ，この点につき以下の事実が認められる。」
①　手続完了後返還までの期間の長短
「前記払戻しは，払込みの翌日に行われた。」
②　払戻金が会社資金として運用された事実の有無
「払戻金が会社資金として運用された事実はない。」
③　払戻しが会社の資金関係に及ぼす影響
「前記払戻しにより店舗大規模改修はなされず，Ｘ社が倒産するとの影響が生じた。」
④　その他
「……。」
　　「よって，Ｚの払込みは仮装である。」
Kg2　受益者の支払額：仮装払込金額
「払込みを仮装した払込金額の全額は，8000万円である。」

(2)　Kg1(2)：仮装払込の判断要素

　形式的に払込みの外形を整えても，実質的に払込みがあったと言えない場合，払込みは**無効**とされる（このような無効とされる仮装払込みであるか否かの判断基準等につき**第1編第3章第2節2(1)参照**）。

(3)　Kg2：「払込みを仮装した払込金額の全額」

　「払込みを仮装した払込金額の全額」（213条の2第1項1号）を，【**設例3－7**】の場合，1億円とする考えと，8000万円とする考えがあり得る。出資の履行を要する「払込金額の全額」（208条1項）と統一的に解すれば1億円となるが，現に出資された2000万円についてまで責任を負わせるのは過大な感がある。「払込金額の全額」（208条1項）と「払込みを仮装した払込金額の全額」（213条の2第1項1号）が書き分けられていると読み，払込みを仮装した部分である8000万円に限り責任を認めれば足ると解される（結論同旨の解説として上田純子・松嶋隆弘編『論文演習会社法上巻』63頁［横尾亘］（勁草書房，平成29年））。

(4)　効　果

　請求原因充足の効果は，以下のとおりである。

> 「よって，原告X社は被告Zに対し，8000万円の支払を請求することができる。」

3　抗　弁

　213条の2第1項により募集株式の引受人が負う義務は，総株主の同意がなければ免除できない（213条の2第2項）。**既存株主から出資の履行を仮装した引受人への不当な価値の移転**が生じているため，取締役会の承認（365条1項・356条1項2号）のみでは免除できないとの趣旨である。

第2款　取締役の払込担保責任（213条の3第1項）

1　総　説

213条の3（出資の履行を仮装した場合の取締役等の責任）
1　前条第1項各号［出資の履行を仮装した募集株式引受人の責任］に掲げる場
合には，／募集株式の引受人が出資の履行を仮装することに関与した
取締役（指名委員会等設置会社にあっては，執行役を含む。）として法
務省令［会社則46条の2］で定める者は，／株式会社に対し，／当該各号
に規定する支払をする義務を負う。／ただし，その者（当該出資の履
行を仮装したものを除く。）がその職務を行うについて注意を怠らな
かったことを証明した場合は，／この限りでない。
（2項省略）

　引受人は，払込金額全額の支払（金銭出資の場合）又は現物出資財
産の給付（現物出資の場合）をすべき義務を負うが（213条の2第1項），一
般的に，そもそも出資の履行の仮装は引受人が無資力ゆえ行われる。
よって，**資本充実の原則**により，一定の関与をした取締役に**担保責任**
を負わせることとした（213条の3）。

　なお，「**当該出資の履行を仮装したもの**」（213条の3第1項但書括弧書）は
無過失責任，その他の関与した取締役は証明責任が取締役に転換され
た**過失責任**である（213条の3第1項但書）。

2　取締役の関与行為（会社則46条の2）

会社法施行規則46条の2（出資の履行の仮装に関して責任をとるべき取
締役等）
法第213条の3第1項に規定する法務省令で定める者は，／次に掲げる者
とする。
一　**出資の履行**（法第208条第3項に規定する出資の履行をいう。以下こ

の条において同じ。）の仮装に関する職務を行った／取締役及び執行役
二　出資の履行の仮装が取締役会の決議に基づいて行われたときは，／次に掲げる者
　　イ　当該取締役会の決議に賛成した／取締役
　　ロ　当該取締役会に／当該出資の履行の仮装に関する議案を提案した／取締役及び執行役
三　出資の履行の仮装が株主総会の決議に基づいて行われたときは，／次に掲げる者
　　イ　当該株主総会に／当該出資の履行の仮装に関する議案を提案した／取締役
　　ロ　イの議案の提案の決定に同意した／取締役（取締役会設置会社の取締役を除く。）
　　ハ　イの議案の提案が取締役会の決議に基づいて行われたときは，当該取締役会の決議に賛成した／取締役
　　ニ　当該株主総会において／当該出資の履行の仮装に関する事項について説明をした／取締役及び執行役

　出資の履行の仮装がどのような経緯で行われたかに応じて整理すると，以下のとおり，株主の権利行使に関する利益供与（120条4項，会社則21条）の場合と同様であることが分かる。
　(1)　取締役会決議又は株主総会決議に基づかずに行われた場合
①　出資の履行の仮装に関する職務を行った取締役（会社則46条の2第1号）
　(2)　取締役会決議に基づいて行われた場合
①　出資の履行の仮装に関する職務を行った取締役（会社則46条の2第1号）
②　取締役会の決議に賛成した取締役（同条2号イ）
③　取締役会に出資の履行の仮装に関する議案を提案した取締役（同号ロ）

(3)　株主総会決議に基づいて行われた場合

① 出資の履行の仮装に関する職務を行った取締役（会社則46条の2第1号）

② 株主総会に出資の履行の仮装に関する議案を提案した取締役（同条3号イ）

③ 非取締役会設置会社の場合：②の議案の提案の決定に同意した取締役（同号ロ）

　取締役会設置会社の場合：②の議案の提案を決議した取締役会の決議に賛成した取締役（同号ハ）

④ ②の株主総会において出資の履行の仮装に関する事項につき説明した取締役（同号ニ）

3　請求原因

(1)　要件事実

【設例3-7】に即して整理する。

> Kg1　原因行為：仮装払込
> 　（出資の履行を仮装した引受人の場合と同じ）
> Kg2　取締役の関与行為
> 「原告X社の取締役として，」
> (1)　Y1の場合：会社則46条の2第1号
> 「被告Y1は，出資の履行の仮装に関する職務を行った。」
> (2)　Y2・Y3の場合：会社則46条の2第3号ハ
> 「被告Y2及びY3は，出資の履行の仮装に関する株主総会の議案の提案を決議した取締役会の決議に賛成した。」
> Kg3　取締役の支払額：仮装払込金額
> 「213条の2第1項1号に定める額は，8000万円である。」

(2)　効　果

請求原因充足の効果は，以下のとおりである。

「よって，原告会社は被告Ｚ，Ｙ１及びＹ３に対し，8000万円の支払を請求することができる。」

　引受人が213条の2第1項により，**関与した取締役**が213条の3第1項によりそれぞれ支払義務を負う場合，これらの者は**連帯債務者**となる（213条の3第2項）。

4　抗　弁

(1)　職務を行うにつき注意を怠らなかったことの証明（213条の3第1項但書）

　213条の3第1項本文に該当する取締役のうち，「**当該出資の履行を仮装したもの**」（213条の3第1項但書括弧書）は無過失責任を負う。これに該当するかは，具体的行為態様，出資の履行の仮装において果たした役割等により判断され，具体的には出資の履行を仮装した引受人と共謀し一旦会社に払い込まれた金銭に相当する額の金銭を当該引受人に返還した取締役（【設問3−7】のＹ1）等がこれに該当するとされる（一問一答平成26年改正158頁）。

　その他の関与した取締役は，職務を行うにつき注意を怠らなかったことを証明すれば免責され（52条2項2号），【設問3−7】のＹ2は免責される可能性がある。

(2)　免　除

　仮装払込による支払義務につき，仮装払込をした引受人については「総株主の同意がなければ，免除できない」旨の規定があるが（213条の2第2項），関与した取締役についてはそのような規定はない（213条の3）。このことは，関与した取締役の責任を，総株主の同意がなくても，取締役会の承認（365条1項・356条1項2号）があれば免除できることを意味する。新株発行の際の仮装払込は**株主間の利益移転**の問題である

が，取締役は利益の移転を受けていないからとされる（コンメンタール
補巻平成26年改正286頁［小林量］）。

第5章　設立の際の発起人及び設立時取締役の責任

第1節　総　説

1　新株発行の場合との比較

　設立の際の発起人及び設立時取締役の責任（52条～54条）は，**他の出
資者**や**設立後の会社と取引をする者**の**利益**を守るための特別法定責任
で，新株発行の際の出資に瑕疵がある場合の関係者の責任（212条～213
条の3）と共通点が多い。以下では，前者（52条～54条）につき，後者（212
条～213条の3）と共通する解説はある程度省略して整理するが，募集設
立は実務上用いられることが稀ゆえ，以下では**発起設立の場合**を前提
とする。

　以下の発起人及び設立時取締役の責任は，株主代表訴訟により追及
することができる（847条1項）。

2　発起人及び設立時取締役の「職務」

　発起人が設立時取締役を兼務する場合，**発起人の責任**と**設立時取締
役の責任**の両方を検討する必要があるが（司法試験平成22年度論文式問題
参照），発起人と設立時取締役では「**職務**」（52条2項）の内容が異なる。

　まず，**発起人の職務**は，**株式会社の設立**（26条～45条・49条），具体的
には①定款作成，②出資の履行及び③設立時取締役の選任を行う。他
方，**設立時取締役の職務**は，**発起人により行われた設立手続が法令定**

款に適合しているかの調査であり (46条)，設立中であるから事業に係る職務は行わない。

52条2項は，発起人及び設立時取締役がその職務を行うについて注意を怠らなかったことを証明した場合は免責される旨規定するが，発起人と設立時取締役につき，このような「職務」内容の相違に注意する必要がある (後出**第2節2(2)**，**第4節1**参照)。

第2節　現物出資財産の価額が著しく不足する場合 (52条1項)

1　請求原因

52条 (出資された財産等の価額が不足する場合の責任)

1　株式会社の成立の時における現物出資財産等の価額が／**当該現物出資財産等について定款に記載され，又は記録された価額** (定款の変更があった場合にあっては，変更後の価額) に／**著しく不足するときは，**／**発起人及び設立時取締役は，**／**当該株式会社に対し，**／**連帯して，**／**当該不足額を支払う義務を負う。**

2　前項の規定にかかわらず，／**次に掲げる場合には，**／**発起人** (第28条第1号 [現物出資] の財産を給付した者又は同条第2号 [財産引受] の財産の譲渡人を除く。第2号において同じ。) **及び設立時取締役は，**／**現物出資財産等について同項の義務を負わない。**

　一　第28条第1号又は第2号に掲げる事項 [現物出資事項等] **について**／**第33条第2項の検査役** [変態設立事項を調査する検査役] **の調査を経た場合**

　二　当該発起人又は設立時取締役が／**その職務を行うについて注意を怠らなかったことを証明した場合**

(3項省略)

---

(1)　要件事実

以下では**現物出資の場合**を前提とする。

Kg1　原因行為：定款記載価額に著しく不足する現物出資

(1)　主体（①又は②）

「被告は，原告会社の」

①　発起人

「発起人である。」

②　設立時取締役

「設立時取締役である。」

(2)　著しい不足

「原告会社成立時における現物出資財産の価額 β 円は，定款に記載された価額 α 円に著しく不足する。」

Kg2　発起人又は設立時取締役の支払額：不足額

「不足額は，γ 円（α 円－β 円）である。」

---

(2)　効　果

請求原因充足の効果は，以下のとおりである。

「よって，原告会社は被告に対し，γ 円の支払を請求することができる。」

支払義務を負う発起人又は設立時取締役が複数いる場合，**連帯債務者**となる（52条1項）。

2　抗　弁

52条2項は，請求原因を充足する発起人又は設立時取締役に以下の二つの抗弁を準備するが，いずれにおいても**現物出資財産の給付者**及び**財産引受の譲渡人**は**無過失責任**を負う（同項柱書括弧書）。

(1)　検査役の調査を経た場合（52条2項1号）

現物出資財産の価額につき裁判所が選任した検査役（33条2項）の調

査を経た場合，現物出資財産の給付者及び財産引受の譲渡人以外の発起人又は設立時取締役は，責任を負わない（213条2項1号）。

(2)　職務を行うにつき注意を怠らなかったことの証明（52条2項2号）

現物出資財産の給付者及び財産引受の譲渡人以外の発起人又は設立時取締役は，職務を行うにつき注意を怠らなかったことを証明すれば免責される。前述のとおり，「**職務**」が発起人と設立時取締役で異なる。内容的に重なる部分があるが，**発起人は定款に現物出資財産等の価額を正確に記載すべき職務**（26条1項・28条1号・2号参照）を，**設立時取締役は発起人が作成した定款に記載された現物出資財産等の価額が相当か否かを調査すべき職務**（46条1項参照）を行う。

(3)　免　除

52条1項により発起人又は設立時取締役が負う義務は，総株主の同意がなければ免除できない（55条）。価額が不足する現物出資をした株主に，そうでない株主から**価値の移転**が生じたため，免除の要件を厳格化する趣旨とされる（立案担当60頁，コンメンタール5巻164頁［小林量]）。

第3節　出資の履行を仮装した場合

第1款　出資の履行を仮装した発起人の責任（52条の2第1項）

1　請求原因

52条の2（出資の履行を仮装した場合の責任等）
1　発起人は，／次の各号に掲げる場合には，／株式会社に対し，／当該各号に定める行為をする義務を負う。

> 一　第34条第1項の規定による払込み［金銭出資の払込み］を仮装した場
> 　合／　払込みを仮装した出資に係る金銭の全額の支払
> 二　第34条第1項の規定による給付［現物出資財産の給付］を仮装した場
> 　合／　給付を仮装した出資に係る金銭以外の財産の全部の給付（株
> 　式会社が当該給付に代えて当該財産の価額に相当する金銭の支払を
> 　請求した場合にあっては，／当該金銭の全額の支払）
> （2項以下省略）

　【設例3−8】に即して，第1款で出資の履行を仮装した発起人の責任（52条の2第1項）の要件事実，第2款で出資の履行の仮装に関与した発起人又は設立時取締役の責任（52条の2第2項）の要件事実を確認する。いずれについても，株主代表訴訟による責任追及が可能である（847条1項）。

> 【設例3−8】
> 　Y1，Y2及びY3は，原告X社の設立を企図してその発起人となり，設立時発行株式を各自200株ずつ引き受けて各々1000万円を出資した後，Y1，Y2及びY3を設立時取締役に選任した。なお，Y1，Y2及びY3は，発起人としての職務に関し，出資の履行に係る職務はY1及びY2が，定款作成及びその公証人による認証に係る職務についてはY3が，それぞれ分担することとしていた。他方，設立時取締役としての職務に関しては，出資の履行の調査に係る職務を誰が分担するか特に定めず，Y1，Y2及びY3全員がその調査をすることとしていた。
> 　その後，設立時取締役の調査を経て設立登記がなされ，原告X社が成立したが，Y1が払い込んだ1000万円は，Y1がA銀行から借り入れたもので，Y1はX社の設立後直ちにX社の銀行預金口座から1000万円を引き出し，A銀行に前記借入金債務を弁済したため，当該払戻金は原告X社の資金として運用されなかった。Y2は，Y1よりこのような行為がされることを予め聞いていたが，Y3は，Y1の巧妙な隠蔽によりY1の前記金銭引出行為等を予見できなかった。

(1)　要件事実

> Kg1　原因行為：設立の際の仮装払込
> (1)　発起人
> 「被告Y1は，原告X社の発起人である。」
> (2)　仮装払込
> 「被告Y1は，その出資に係る金銭1000万円を原告X社に払い込んだが，……であるから，当該払込みは仮装である。」
> Kg2　受益者の支払額：仮装払込金額
> 「払込みを仮装した出資に係る金銭の全額は，1000万円である。」

(2)　効　果

請求原因充足の効果は，以下のとおりである。

> 「よって，原告X社は被告Y1に対し，1000万円の支払を請求することができる。」

2　抗　弁

　52条の2第1項により設立時発行株式の引受人たる発起人が負う責任は，総株主の同意がなければ免除できない（55条）。出資の履行を仮装した株主に，そうでない株主から**価値の移転**が生じたため，免除の要件を厳格化する趣旨であろう（一問一答平成26年改正154頁参照）。

第2款　発起人又は設立時取締役の払込担保責任（52条の2第2項）

1　総　説

> 52条の2（出資の履行を仮装した場合の責任等）
> （1項省略）
> 2　前項各号に掲げる場合には，／発起人がその出資の履行を仮装することに関与した発起人又は設立時取締役として法務省令［会社則7条の2］

で定める者は，／株式会社に対し，／当該各号に規定する支払をする
義務を負う。／ただし，その者（当該出資の履行を仮装したものを除
く。）がその職務を行うについて注意を怠らなかったことを証明した
場合は，／この限りでない。
（3項以下省略）

　出資の仮装は，一般的に引受人が無資力ゆえ行われるため，一定の
関与をした発起人及び設立時取締役に**担保責任**を負わせる。

2　発起人又は設立時取締役の関与行為（会社則7条の2）

**会社法施行規則7条の2（出資の履行の仮装に関して責任をとるべき発起
人等）**
　法第52条の2第2項に規定する法務省令で定める者は，／次に掲げる者
とする。
一　**出資の履行**（法第35条［設立時発行株式の株主となる権利の譲渡］に規定
　する出資の履行をいう。次号において同じ。）**の仮装に関する職務を
　行った**／**発起人及び設立時取締役**
　　（二号省略）

　「出資の履行の仮装に関する職務を行った発起人及び設立時取締役」
（会社則7条の2第1号）は，具体的には，複数いる発起人の中で**出資の履
行に関する職務を担当した発起人**（分担がなければ発起人全員），複数
いる設立時取締役の中で**出資の履行を調査する職務を担当した設立時
取締役**（分担がなければ設立時取締役全員）であると解される（一問一
答平成26年改正161頁，弥永真生『コンメンタール会社法施行規則・電子公告規則
［第2版］』57頁（商事法務，平成27年），『改正会社法対応版会社法関係法務省令逐
条実務詳解』33頁［高田洋平］（清文社，平成28年）参照）。**【設例3－8】**でいえ
ば，「出資の履行の仮装に関する職務を行った発起人」には，出資の履
行に関する職務を分担した発起人Y1及びY2が該当する。「出資の履
行の仮装に関する職務を行った設立時取締役」には，出資の履行の調

査に係る職務を誰が分担するか特に定めず，全員で調査することとしたため，Y1，Y2及びY3全員が該当する。また，払込取扱金融機関から引き出した出資金を仮装払込みをした発起人に交付した発起人又は設立時取締役も，これらに該当し得る。

3　請求原因

(1)　要件事実

【設例3−8】に即して，要件事実を整理する。

Kg1　原因行為：設立の際の仮装払込
（出資の履行を仮装した払込人の場合と同じ）

Kg2　発起人又は設立時取締役の関与行為

(1)　発起人の場合：会社則7条の2第1号
「Y1及びY2は，原告X社の発起人として，出資の履行に関する職務を行った。」

(2)　設立時取締役の場合：会社則7条の2第1号
「Y1，Y2及びY3は，原告X社の設立時取締役として，出資の履行の調査に関する職務を行った。」

Kg3　発起人又は設立時取締役の支払額：仮装払込金額
「52条の2第1項1号に定める額は，1000万円である。」

---

(2)　Y1の責任

【設例3−8】のY1につき，**発起人**として，厳密には，①「第34条第1項の規定による払込みを仮装した」発起人（52条の2第1項1号），及び，②「発起人がその出資の履行を仮装することに関与した発起人」（同条2項），の二つの構成が可能である。また，**設立時取締役**として，③「発起人がその出資の履行を仮装することに関与した設立時取締役」（同条2項）との構成が可能である。

(3)　Y2の責任

Y2についても，①「発起人がその出資の履行を仮装することに関与した発起人」（同条2項），及び，②「発起人がその出資の履行を仮装する

ことに関与した設立時取締役」（同条2項）として，二つの構成が可能である。

(4)　効　果

請求原因充足の効果は，以下のとおりである。

> 「よって，原告X社は被告Y1，Y2及びY3に対し，1000万円の支払を請求することができる。」

出資の履行を仮装した発起人（52条の2第1項1号）と，**出資の履行に関与した発起人又は設立時取締役**（同条2項）は，**連帯債務者**となる（同条3項）。

4　抗　弁

(1)　職務を行うについて注意を怠らなかったことの証明（52条の2第2項但書）

標題の抗弁に関し，当該出資の履行を仮装したもの（52条の2第2項但書括弧書）は，免責されない。この者は，213条の3第1項但書括弧書の「当該出資の履行を仮装したもの」とほぼ同義と解される（**第4章第3節第2款4**参照）。

(2)　免　除

52条の2第2項により発起人又は設立時取締役が負う義務は，総株主の同意がなければ免除できない（55条）。

第4節　発起人又は設立時取締役の損害賠償責任（53条）

1　会社に対する任務懈怠責任（53条1項）

53条（発起人等の損害賠償責任）
1　発起人，設立時取締役又は設立時監査役は，／株式会社の設立につ

> いてその任務を怠ったときは，／当該株式会社に対し，／これによっ
> て生じた／損害を／賠償する責任を負う。
> （2項省略）

　53条1項が定める責任は，役員等の**任務懈怠責任**（423条1項）と同じ性
質の責任と解され，その要件事実は任務懈怠責任の場合と同様である。
　この点，前述のとおり，**発起人の任務は株式会社の設立**であり（26条
〜45条・49条），**設立時取締役の任務は発起人が行う株式会社の設立手
続が法令定款に適合しているかの調査**である（46条。特に同条1項4号）。
言い換えれば，発起人及び設立時取締役は事業を行うことはできない
ため，競業取引，利益相反取引，経営判断原則，内部統制システム構
築・運用義務違反等が問題となる場面は想定されず，問題となる任務
懈怠責任の中身は基本的に**法令定款違反**又は**監視義務違反**となろう
（第2章第2節第2款・第3節第6款参照）。

2　第三者に対する損害賠償責任（53条2項）

> 53条（発起人等の損害賠償責任）
> （1項省略）
> **2　発起人，設立時取締役又は設立時監査役が／その職務を行うについ
> て悪意又は重大な過失があったときは，／当該発起人，設立時取締役
> 又は設立時監査役は，／これによって／第三者に生じた損害を／賠償
> する責任を負う。**

　53条2項が定める責任は，役員等の**第三者に対する損害賠償責任**（429
条1項）と同じ性質の責任と解され，その要件事実については429条1項
に関する解説に譲る。ここでも，問題となる任務懈怠の中身は，基本
的に**法令定款違反**又は**監視義務違反**となろう（第4編第1章参照）。

第6章　剰余金配当等に関する責任

第1節　総　説

1　手続違反の剰余金配当等

(1)　手続に違反する剰余金配当等の効力

　461条1項各号所定の剰余金の配当等（以下「**剰余金配当等**」という）は，必要な手続を経て行う必要がある。このような手続に違反した剰余金配当等は，原則として無効であるが，取引安全のため手続違反につき善意（・無重過失）の相手方との関係では有効と考えられている（田中436頁参照）。

　このような手続規制は，会社の債権者を保護する趣旨であるから，手続違反による無効主張は会社からのみすることができ，相手方からは許されない（最判平成5・7・15判時1519号116頁（有限会社の自己持分の取得禁止規定違反の事例））。

(2)　手続違反の剰余金配当等により金銭等の交付を受けた者の責任

　手続違反の剰余金配当等により金銭等の交付を受けた者の責任につき，**特定の株主からの自己株式取得に際し，追加売渡請求ができる旨の通知を欠く**（160条2項違反），**あるいは当該特定の株主が議決権を行使できないのに行使した場合**（160条4項違反）を例に整理する。

　この場合，当該特定の株主が手続違反につき悪意であれば，会社は，当該特定の株主に対しその無効を主張し，**原状回復請求権**（民121条の2）に基づき，支払った取得対価の返還を求めることができる。これに対し，当該特定の株主は会社に対象株式の返還を求めることができ，これらの債務は同時履行（民533条）の関係に立つ。

　なお，会社が無効を主張するに際し，株主総会決議（160条1項）を取り消す必要はない（以上につき，司法試験平成23年度論文式問題に関する採点実感（法務省WP）参照）。

(3)　取締役の責任

　さらに，このような手続違反の剰余金配当等により会社が損害を被った場合，**手続違反の剰余金配当等を行った取締役**は法令違反に基づく**任務懈怠責任（423条1項）**を負う場合がある。この場合の**任務懈怠と因果関係ある会社の損害**については，①取得価格から会社が後に自己株式を処分した時点の処分価格（未処分の場合は自己株式の現在の時価）を控除した額とする考え方（裁判例として東京高判平成6・8・29金判954号14頁）と，②取得価格と取得時の公正な時価との差額とする考え方（裁判例として大阪地判平成15・3・5判時1833号146頁）がある（田中436頁参照）。

2　財源規制違反の剰余金配当等

(1)　財源規制に違反する剰余金配当等の効力

　このような理屈は，会社法に特則がなければ，分配可能額による剰余金配当等の事前の財源規制（461条）（以下**「財源規制」**という）に違反した場合も同様となるはずであるが，会社法は特則として**462条**を置く。その理解につき，**財源規制違反の剰余金配当等の効力**と関連して説が分かれる。

　財源規制違反の剰余金配当等は，旧商法下では無効とされていたが，会社法の立案担当者は，これを有効とし，そのため463条1項も「当該行為がその効力を生じた日」と規定したと説明する。理由は，財源規制違反の剰余金配当等を無効とすれば，①株主は善意なら会社に現存利益のみ返還すれば足ることになり（民121条の2第2項），あるいは，②財源規制に違反する自己株式取得の場合に株主の対価返還債務と会社の取得株式返還債務が同時履行の関係となり（民533条），十分な会社財産

の回復を妨げるからとする（100問494頁）。

　これに対し多数説は，旧商法下同様，財源規制違反の剰余金配当等は強行法規違反ゆえ無効とする（神田339頁，龍田・前田301頁，高橋他408〜411頁［久保大作］。なお，LQ300頁［伊藤靖史］参照）（以下「**無効説**」という）。「当該行為がその効力を生じた日」（463条1項）は，単に基準日を指すだけで，違法行為を有効とすることまで定めたのではないと読む。

　以下，**無効説**により整理する。

　（2）　剰余金配当等により金銭等の交付を受けた者の責任

　無効説は，462条1項により，まず，**剰余金配当等を受けた株主**は，過失の有無を問わず，現存利益ではなく「交付された金銭等の帳簿価額に相当する金銭」を会社に支払う義務を負う。これは，会社債権者を保護するための**原状回復請求権**（民121条の2）**の特則**であり，株主の債務を会社の債務より先に履行させる（同時履行の抗弁や相殺の抗弁の排除）趣旨も含むと読む（森本15頁参照）。

　（3）　取締役の責任

　次に，全ての株主から支払を受けることは困難であるため，**財源規制違反の剰余金配当等に関与した取締役**にも，会社に対し「交付された金銭等の帳簿価額に相当する金銭」の支払義務を負わせる。この責任は，任務懈怠責任とは別の，株主の支払義務を担保する趣旨の特別法定責任である（森本13頁）。

　このような理解を前提に，財源規制の内容を**3**で確認した上で，**第2節で剰余金配当等を受けた者の責任**，**第3節で取締役の責任**につき整理する。

3　財源規制

　（1）　総　説

　剰余金配当等については，会社債権者保護のため，分配可能額によ

る事前の財源規制（461条1項）が設けられている。このような規制の実効性を確保するため，①**分配可能額を超える剰余金配当等を受けた株主の責任**及び②**関与した取締役の責任**が設けられる（462条1項）。

　以下では，**金銭を交付する剰余金配当が財源規制違反となる場合**（462条1項6号）を例に，これらの者の責任を貸借対照表と事例を用いて整理する。

貸借対照表

（単位：百万円）

科目	金額	科目	金額
（資産の部）		（負債の部）	
流動資産	6,000	（略）	
（略）		負債合計	3,000
		（純資産の部）	
		株式資本	4,000
		資本金	1,500
		資本剰余金	1,500
		資本準備金	1,500
		その他資本剰余金	0
固定資産	1,000	利益剰余金	1,000
（略）		利益準備金	500
		その他利益剰余金	500
		純資産合計	4,000
資産合計	7,000	負債・純資産合計	7,000

（2）　「分配可能額」（461条2項）

　上記**貸借対照表**は，司法試験平成23年度論文式問題の資料③をアレンジしたものである。会社法は，基本的に，債権者保護のため資本金

及び準備金（資本準備金及び利益準備金）の合算額を貸借対照表の計数上確保することとし，当該合算額を超える部分につき剰余金配当等を可とする。当該超える部分が概ね**剰余金**（**その他資本剰余金**及び**その他利益剰余金**）であり，司法試験レベルでは，

「**分配可能額**」(461条2項) ＝ 剰余金 ＝ その他資本剰余金 ＋ その他利益剰余金

と理解すれば足りよう。前記**貸借対照表**では，「分配可能額」は表の傍点部分，即ち

その他資本剰余金(0円) ＋ その他利益剰余金(500百万円) ＝ 500百万円

である（分配可能額の詳細等につき，田中亘編『数字でわかる会社法』124頁以下［小出篤］（有斐閣，平成25年）参照）。

第2節　剰余金配当等を受けた者の責任（462条1項）

1　総　説

462条（剰余金の配当等に関する責任）

1　前条第1項［配当等の制限］の規定に違反して／株式会社が同項各号に掲げる行為をした場合には，／①当該行為により金銭等の交付を受けた者／並びに②当該行為に関する職務を行った業務執行者（業務執行取締役（指名委員会等設置会社にあっては，執行役。以下この項において同じ。）その他当該業務執行取締役の行う業務の執行に職務上関与した者として法務省令［会社則116条15号，会社計算159条］で定めるものをいう。以下この節において同じ。）／及び③当該行為が次の各号に掲げるものである場合における当該各号に定める者は，／当該株式会社に対し，／連帯して，／当該金銭等の交付を受けた者が交付を受けた金銭等の帳簿価額に相当する金銭を／支払う義務を負う。

（一～五号　省略）
六　前条第1項第8号に掲げる行為［剰余金の配当］／次に掲げる者
　イ　第454条第1項の規定による決定［剰余金の配当に関する事項の決定］に係る株主総会の決議があった場合（当該決議によって定められた配当財産の帳簿価額が当該決議の日における分配可能額を超える場合に限る。）における／当該株主総会に係る③－1総会議案提案取締役［本項1号イに定義あり］
　ロ　第454条第1項の規定による決定［剰余金の配当に関する事項の決定］に係る取締役会の決議があった場合（当該決議によって定められた配当財産の帳簿価額が当該決議の日における分配可能額を超える場合に限る。）における／当該取締役会に係る③－2取締役会議案提案取締役［本項1号ロに定義あり］
2　前項の規定にかかわらず，／業務執行者及び同項各号に定める者は，／その職務を行うについて注意を怠らなかったことを証明したときは，／同項の義務を負わない。
（3項省略）

　下線を付した①当該行為により金銭等の交付を受けた者（462条1項柱書），②当該行為に関する職務を行った業務執行者（同項柱書），③－1総会議案提案取締役（同項6号イ），及び，③－2取締役会議案提案取締役（同項6号ロ）が，本条により責任を負う（以下②及び③の取締役をあわせて「関与した取締役」と呼ぶ）。

　【設例3－9】に即して，第2節で分配可能額を超える剰余金配当を受けた株主の責任（462条1項）の要件事実を，第3節で関与した取締役の責任（462条1項）の要件事実を確認する。

【設例3－9】
　X社は，事業年度を毎年4月1日から翌年3月31日までの1年間とする，代表取締役Y1，営業担当取締役Y2及び財務担当取締役Y3により取締役会を構成する取締役会設置会社である。X社には株主としてZ他数名がいるところ，ZはX社の発行済株式の10%を有する。

　第α期事業年度（令和2年4月1日～令和3年3月31日）に係る**第α期計算書類**において，**分配可能額**が**20億円**とされていたため，**X社**において，**第α＋1期事業年度**に属する**令和3年6月25日**に開催された**株主総会**で，同年3月31日を基準日とし効力発生日を同年6月30日とする**8億円の剰余金配当**を行う議案が決議され，8億円の**金銭**が株主に交付された（**株主Z**には**8000万円**が交付された）。なお，**代表取締役Y1は剰余金配当に関する職務**を行い，**営業担当取締役Y2は当該株主総会議案を提案する取締役会の決議に賛成**し，**財務担当取締役Y3は当該株主総会で剰余金配当に関する説明**をした。

　しかし，その後架空売上計上による粉飾が明らかとなり，調査の結果，剰余金配当の**効力発生日**（令和3年6月30日）の正しい貸借対照表は**第1節3(1)記載**の貸借対照表のとおりで，その**分配可能額は5億円**である旨確認された。なお，**Y2は当該粉飾を認識**していたが，第三者委員会の調査によれば当該粉飾は**会計監査人ですら見抜けないような巧妙な手口**によるもので，**その他の取締役**には当該粉飾を見抜けなかったことに過失はないとされた。

2　請求原因

　【設例3－9】での株主Zの責任につき，要件事実を整理する。

(1)　要件事実

> Kg1　原因行為：分配可能額を超える剰余金配当
> (1)　剰余金配当（「461条1項各号に掲げる行為」）
> 「原告X社は，剰余金配当を行った。」
> (2)　分配可能額
> 「その効力発生日における分配可能額は，5億円であった。」
> (3)　分配額
> 「その分配額は，8億円であった。」
> Kg2　支払額：被告株主が交付を受けた金銭等の帳簿価額相当金銭
> 「被告株主Zが交付を受けた金銭等の帳簿価額に相当する金銭は，8000万円である。」

(2)　Kg2：当該金銭等の交付を受けた者が交付を受けた金銭等の帳簿価額に相当する金銭

「帳簿価額」（461条1項柱書）は，剰余金配当時点における時価を意味する（田中455頁）。

剰余金配当を受けた株主が責任を負う額は，当該行為により自己が交付を受けた金額の全部，【設例3−9】のZであれば8000万円である。「分配可能額を超える部分（3億円）／分配額（8億円）」に相当する3000万円ではない。

(3)　効　果

請求原因充足の効果は，以下のとおりである。

> 「よって，原告X社は被告株主Zに対し，8000万円の支払を請求することができる。」

462条2項は，「当該行為により金銭等の交付を受けた者」（462条1項柱書）つまり剰余金配当等を受けた者を挙げていない。よって，剰余金配当等を受けた者は**無過失責任**を負う（**関与した取締役**との**連帯債務**（462条1項柱書）の内容につき**第3節2(5)**参照）。

(4)　会社債権者の直接請求権（463条2項）

462条の株主の責任は，株主代表訴訟により追及することができない（847条1項反対解釈）。株主ではなく**会社債権者保護**のための制度だからで，代わりに株主に対する**会社債権者の直接支払請求権（463条2項）**が準備されている。債権者代位権（民423条1項）の，無資力要件を不要とする特則である（髙橋他407頁［久保大作］）。

3　抗　弁

462条3項は，後出の**関与した取締役の責任**につき，分配可能額を限度として総株主の同意があれば**免除**できると定めるが，剰余金配当を受けた者については規定がない。反対解釈すれば，**剰余金配当を受け**

た者の責任を，総株主の同意がなくても，取締役会の承認（362条4項）
があれば全額免除できることとなるが，異論もある（髙橋他407頁［久保
大作］）。また，恣意的な免除は許されず，株主平等原則違反があるな
どすれば，免除行為につき任務懈怠責任（423条1項）が問題となり得る
（森本12頁）。

第3節　取締役の責任（462条1項）

1　取締役の関与行為（会社計算159条〜161条）

　462条の条文で**下線②**を付した**当該行為に関する職務を行った業務
執行者**（同条1項本文柱書）は，会社計算規則159条により次のとおりとさ
れる。

> 会社計算規則159条（剰余金の配当等に関して責任をとるべき取締役等）
> 法第462条第1項各号列記以外の部分に規定する法務省令で定めるもの
> は，／次の各号に掲げる行為の区分に応じ，／当該各号に定める者とす
> る。
> 　（一〜七号省略）
> 八　法第461条第1項第8号［剰余金の配当］に掲げる行為／　次に掲げる者
> 　イ　剰余金の配当による金銭等の交付に関する職務を行った／取締役
> 　　及び執行役
> 　ロ　法第454条第1項の規定による決定［剰余金の配当に関する事項の決定］
> 　　に係る株主総会において剰余金の配当に関する事項について説明を
> 　　した／取締役及び執行役
> 　ハ　法第454条第1項の規定による決定［剰余金の配当に関する事項の決定］
> 　　に係る取締役会において剰余金の配当に賛成した／取締役
> 　ニ　分配可能額の計算に関する報告を監査役又は会計監査人が請求し
> 　　たときは，／当該請求に応じて報告をした／取締役及び執行役
> 　（九号以下省略）

　このうち，「**法第454条第1項の規定による決定に係る取締役会**」（会社計算159条8号ハ）は，**剰余金配当を取締役会が決定する旨の定款の定めがある場合**（459条1項）**の取締役会**（田中458頁），及び，**中間配当**（454条5項）**に関する取締役会**であると解される。

　次に，462条の条文で**下線③－1**を付した**総会議案提案取締役**（462条1項6号イ）は，462条1項1号イで「当該株主総会に議案を提案した取締役として法務省令で定めるもの」とされ，会社計算規則160条により次のとおりとされる。

会社計算規則160条
法第462条第1項第1号イに規定する法務省令で定めるものは，／次に掲げる者とする。
一　株主総会に議案を提案した／取締役
二　前号の議案の提案の決定に同意した／取締役（取締役会設置会社の取締役を除く。）
三　第1号の議案の提案が取締役会の決議に基づいて行われたときは，／当該取締役会において当該取締役会の決議に賛成した／取締役

　最後に，462条の条文で**下線③－2**を付した**取締役会議案提案取締役**（462条1項6号ロ）は，462条1項1号ロで「当該取締役会に議案を提案した取締役……として法務省令で定めるもの」とされ，会社計算規則161条により次のとおりとされる。

会社計算規則161条
法第462条第1項第1号ロに規定する法務省令で定めるものは，／取締役会に議案を提案した／取締役及び執行役とする。

　以上を，剰余金配当がなされた経緯別に整理すると，責任を負う取締役は以下のとおりとなろう。120条4項の場合と比べると，各場合に②が加わる，(3)③④の内容が少し異なるなどの差があるが，基本的に同じである。

(1)　株主総会決議又は取締役会決議に基づかずに行われた場合

① 剰余金配当による金銭等の交付に関する職務を行った取締役（462条1項柱書，会社計算159条8号イ）

② 監査役又は会計監査人に分配可能額の計算に関する報告をした取締役（462条1項柱書，会社計算159条8号ニ）

(2)　株主総会決議に基づいて行われた場合

① 剰余金配当による金銭等の交付に関する職務を行った取締役（462条1項柱書，会社計算159条8号イ）

② 監査役又は会計監査人に分配可能額の計算に関する報告をした取締役（462条1項柱書，会社計算159条8号ニ）

③ 株主総会において剰余金配当に関する事項につき説明した取締役（462条1項柱書，会社計算159条8号ロ）

④ 株主総会に議案を提案した取締役（462条1項6号イ，会社計算160条1号）

⑤ 非取締役会設置会社の場合：④の議案を提案する決定に同意した取締役（462条1項6号イ・1号イ，会社計算160条2号）

　取締役会設置会社の場合：④の議案を提案する取締役会決議に賛成した取締役（462条1項6号イ・1号イ，会社計算160条3号）

(3)　取締役会決議に基づいて行われた場合

① 剰余金配当による金銭等の交付に関する職務を行った取締役（462条1項柱書，会社計算159条8号イ）

② 監査役又は会計監査人に分配可能額の計算に関する報告をした取締役（462条1項柱書，会社計算159条8号ニ）

③ 剰余金配当を取締役会が決定する旨の定款の定めがある場合（459条1項）の取締役会において剰余金配当に賛成した取締役（462条1項柱書，会社計算159条8号ハ）

④ 中間配当（454条5項）に関する取締役会において剰余金配当に賛成した取締役（462条1項柱書，会社計算159条8号ハ）

⑤　③・④の取締役会に議案を提案した取締役（462条1項6号ロ・1号ロ，会社計算161条）

2　請求原因

(1)　要件事実（類型別Ⅰ143頁・479頁（訴状例））

【設例3-9】に即して要件事実を整理する。

> Kg1　原因行為：分配可能額を超える剰余金配当
> （分配可能額を超える剰余金配当を受けた株主Ｚの責任のKg1とほぼ同じ）
> Kg2　取締役の関与行為
> 「原告Ｘ社の取締役として，」
> (1)　Ｙ1の場合：462条1項柱書，会社計算159条8号イ
> 「被告Ｙ1は，剰余金配当に関する職務を行った。」
> (2)　Ｙ2の場合：462条1項6号イ，会社計算160条3号
> 「被告Ｙ2は，株主総会に剰余金配当議案を提案する取締役会決議に賛成した。」
> (3)　Ｙ3の場合：462条1項柱書，会社計算159条8号ロ
> 「被告Ｙ3は，株主総会において剰余金配当に関する事項につき説明した。」
> Kg3　取締役の支払額：配当額
> 「剰余金配当を受けた全株主が交付を受けた金銭等の帳簿価額に相当する金銭は，8億円である。」

(2)　Kg1(2)：総会議案提案取締役（462条1項6号イ）・取締役会議案提案取締役（同号ロ）の責任における分配可能額の基準時

標題の取締役の責任は，当該決議の日（効力発生日（461条1項）とは必ずしも一致しない）における分配可能額が分配額を下回っている場合に限り発生する（462条1項6号イ括弧書・ロ括弧書）。よって，総会議案提案取締役（462条1項6号イ，会社計算160条3号）である【設例3-9】のＹ2の

場合，Kg1(2)は「効力発生日及び決議日における分配可能額は，5億円であった。」となろう（傍点部分が加わる）。

(3)　Kg3：「当該金銭等の交付を受けた者」と「交付を受けた金銭等」

支払義務を負う額は，「当該金銭等の交付を受けた者が交付を受けた金銭等の帳簿価額に相当する金銭」(462条1項柱書)である。前半の「当該金銭等の交付を受けた者」は，株主が支払義務を負う場合は当該株主のみだが，取締役が支払義務を負う場合は全株主となる。

また，各人が支払義務を負う範囲は，「交付を受けた金銭等」(462条1項柱書)の帳簿価額に相当する金銭である（分配可能額を超える額ではない）。【設例3−9】では，取締役Y1は，分配可能額を超過する部分（8億円−5億円＝3億円）ではなく，全株主が交付を受けた金銭等の帳簿価額に相当する金銭即ち8億円の支払義務を負う。株主Zは，3000万円ではなく，交付を受けた8000万円の支払義務を負う。

(4)　効　果

請求原因充足の効果は，以下のとおりである。

> 「よって，被告Y1，Y2及びY3は原告X社に対し，連帯して金8億円を支払う義務を負う。」

(5)　連帯責任

剰余金配当を受けた者と関与した取締役は連帯債務者とされるところ（462条1項柱書），「連帯」の内容に注意を要する。

まず，剰余金配当を受けた者が連帯責任を負う相手は関与した取締役だけであり，他の剰余金配当を受けた株主とは連帯しない。【設例3−9】に即していえば，Zは，Y1〜Y3とのみ，Zが受け取った8000万円につき連帯責任を負う。この場合の連帯債務者間の負担割合は，剰余金配当等を受けた者Zが100％となるが，剰余金配当等を受けた株

主は，財源規制違反につき善意の場合，適法であったとの信頼を保護するため，支払った取締役Y1～Y3からの求償に応じる義務はない（463条1項）。

　次に，**関与した取締役**は，**剰余金配当等を受けた者全員**と連帯する。**【設例3−9】**に即していえば，Y1は，**剰余金配当を受けたZら株主全員**と連帯して，X社に**8億円**の支払義務を負う。Y2及びY3も同様である。Y1～Y3は，このような8億円のX社への支払の連帯債務者となる。

　(6)　任務懈怠責任との関係

　関与した取締役については，462条1項の責任の他，**法令違反**による**任務懈怠責任**（423条1項）も成立し得るため，配当した剰余金以外の損害（回収のために要した費用等）を賠償すべき場合もある。

　また，**関与した取締役**（462条1項）**以外の役員等**については，**監視義務違反**等による**任務懈怠責任**（423条1項）が問題となり得るところ（大阪地判平成20・4・18判時2007号104頁［ナナボシ事件］〈百選71事件〉，森本14頁），本来生じてはならない会社財産の減少が生じていることを理由に，財源規制違反の分配額全部が会社の損害になるとする説がある（田中458頁）。

3　抗　弁

　(1)　職務を行うにつき注意を怠らなかったことの証明（462条2項）

　関与した取締役の責任は，**立証責任が取締役に転換された過失責任**であり，**【設例3−9】**では，当該粉飾を見抜けなかったことに過失がないなら，Y1及びY3は免責される可能性がある。

　(2)　株主による支払

　会社が株主から既に支払を受けた額は，控除される。また，取締役による支払後に会社が株主から支払を受けた場合，会社は当該支払額分を取締役に返還する（類型別I168頁）。

(3)　免　除

　関与した取締役は，総株主の同意がある場合のみ，剰余金配当が効力を生じた日の分配可能額（【設例3−9】では5億円）を限度として支払義務を免除される（462条3項但書）。分配可能額を超える部分（【設例3−9】では3億円）は，会社債権者のために留保されるべきであるから，免除できない。

第7章　取締役の欠損填補責任（465条1項）

1　総　説

465条

1　株式会社が次の各号に掲げる行為をした場合において，／当該行為をした日の属する事業年度（その事業年度の直前の事業年度が最終事業年度でないときは，その事業年度の直前の事業年度）に係る計算書類につき第438条第2項の承認［定時株主総会の承認］（第439条前段に規定する場合［会計監査人設置会社の取締役会の承認を受けた計算書類が適正である場合］にあっては，第436条第3項の承認［取締役会の承認］）を受けた時における／第461条第2項第3号［自己株式の帳簿価額］，第4号［最終事業年度の末日後に自己株式を処分した場合の当該自己株式の対価の額］及び第6号［その他法務省令で定める各勘定科目に計上した額の合計額］に掲げる額の合計額が／同項第1号［剰余金の額］に掲げる額を／超えるときは，／当該各号に掲げる行為に関する職務を行った業務執行者は，／当該株式会社に対し，／連帯して，／その超過額（当該超過額が当該各号に定める額を超える場合にあっては，当該各号に定める額）を／支払う義務を負う。／ただし，当該業務執行者がその職務を行うについて注意を怠らなかったことを証明した場合は，／この限りでない。

　（一〜九号省略）

　十　剰余金の配当（次のイからハまでに掲げるものを除く。）／　当該剰余金の配当についての第446条第6号イからハまでに掲げる額［配

当財産の帳簿価額の総額，金銭分配請求権行使株主に交付した金銭の額の合計額，基準未満株式の株主に支払った金銭の額の合計額］**の合計額**

イ　定時株主総会（第439条前段に規定する場合［会計監査人設置会社の取締役会の承認を受けた計算書類が適正である場合］にあっては，定時株主総会又は第436条第3項の取締役会［計算書類等を承認する取締役会］）**において第454条第1項各号に掲げる事項**［剰余金の配当に関する事項］**を定める場合における剰余金の配当**

（ロ・ハ省略）

（2項省略）

（1）趣　旨

465条1項所定の取締役の責任（以下**「欠損填補責任」**という）は，**中間配当制度導入の際，過剰な配当の実施を慎重**にさせることにより，**会社債権者の保護**を図るために導入された（髙橋他412頁［久保大作］）。後記の時系列と**【設例3－10】**を見ながら，以下確認されたい。

第6章で取り扱った**財源規制**（462条1項）に関する**【設例3－9】**では，分配可能額は最終事業年度「第α期」の末日（令和3年3月31日）の剰余金5億円を起点に計算され，その後に損失が生じても，次の決算をするまでは分配可能額に影響しない。財源規制（462条1項）は，分配可能額を超える剰余金配当等を禁じる事前規制であり，分配可能額の枠内で行われた剰余金配当等に問題は生じず，その後分配可能額が減っても株主は受け取った配当等を会社に返還する必要はない。

しかし，それでは最終事業年度「第α期」の末日（【設例3－9】での令和3年3月31日）より後に業績が悪化するなどして損失が生じ，**中間配当等**により結果的に会社の財産状態が危うくなるおそれがある。そのため，事後的に**欠損**（**分配可能額がマイナスになること。**そのマイナスとなった額を**「欠損額」**という）が生じた場合に取締役に後から補填させるのが欠損填補責任（465条1項）である。分配可能額による事前規制ではカバーできない期中の財務状況の悪化リスクにつき，情報

を有していると考えられる取締役に責任を負わせて中間配当等を慎重にさせ，もって**会社財務の健全性**を確保して**債権者保護**を図ることとなる（髙橋他12頁［久保大作］）。

　【設例3－9】をアレンジした【設例3－10】により，金銭を交付する剰余金配当の場合を例に整理する。

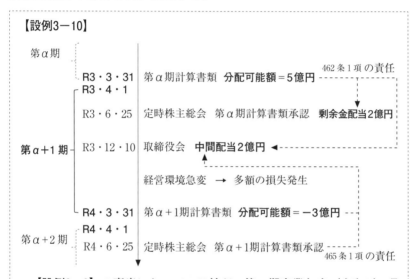

【設例3－10】

第α期
　R3・3・31　第α期計算書類　分配可能額＝5億円　462条1項の責任
　R3・4・1
　R3・6・25　定時株主総会　第α期計算書類承認　**剰余金配当2億円**

第α＋1期　R3・12・10　取締役会　中間配当2億円

　　経営環境急変　→　多額の損失発生

　R4・3・31　第α＋1期計算書類　分配可能額＝－3億円
　R4・4・1
第α＋2期　R4・6・25　定時株主総会　第α＋1期計算書類承認
　　465条1項の責任

　【設例3－9】の事案において，X社が，**第α期事業年度**（令和2年4月1日～令和3年3月31日）に係る**第α期計算書類**において分配可能額が5億円とされていたため，**第α＋1期事業年度**（令和3年4月1日～令和4年3月31日）に属する令和3年6月25日に開催した**定時株主総会**で2億円の剰余金配当を行う議案を決議し，Y1がその職務を行った。

　その約半年後の同年12月10日，X社は，取締役会決議により2億円の**中間配当**を行うことを決議し，Y1がその職務を行った。なお，当該**取締役会**において，**取締役Y2**は**決議に賛成**し，取締役Y3はY1と共同で当該**議案を提案**したが，取締役会は欠席した。

　しかし，その後経営環境の変化等によりX社の業績が急激に悪化し，**第α＋1期事業年度**に係る**第α＋1期計算書類**において**分配可能額がマイナス3億円**となった（3億円の欠損が生じた）。**第α＋1期計算書類**は，

第α＋2期事業年度（令和4年4月1日〜令和5年3月31日）に属する令和4年6月25日に開催された株主総会で承認された。

(2)　責任の発生時点

剰余金配当及び中間配当をした日の属する事業年度（【設例3−10】の第α＋1期事業年度）に係る計算書類（【設例3−10】の第α＋1期計算書類）の承認を受けた時点（【設例3−10】の令和4年6月25日）に，欠損填補責任が発生する（465条1項本文）。

株主は，受領した配当を会社に返還する必要はない。「当該各号に掲げる行為に関する職務を行った業務執行者」（465条1項柱書）（その内容は2で確認する）が，**資本維持**を図るため法が特別に定めた欠損填補責任を事後的に負うところ，株主代表訴訟による責任追及が可能である（847条1項）。

2　取締役の関与行為（会社計算159条）

責任を負う「**当該各号に掲げる行為に関する職務を行った業務執行者**」（465条1項柱書）については，465条1項が462条1項と時系列的に関連する責任であること，表現が実質的に同じであることから，**第6章第2節**の冒頭で示した462条1項柱書の条文で②の下線を付した「**当該行為に関する職務を行った業務執行者（業務執行取締役……その他当該業務執行取締役の行う業務の執行に職務上関与した者として法務省令で定めるもの……）**」と同義と解される（森本16頁，コンメンタール11巻232頁［黒沼悦郎］参照）。つまり，取締役の欠損填補責任も**関与型の責任**の一種であり，具体的には**会社計算規則159条8号**所定の以下の者が責任を負う。

① 剰余金の配当による金銭等の交付に関する職務を行った取締役
② 454条1項の規定による決定［剰余金の配当に関する事項の決定］に係る株主総会において剰余金の配当に関する事項について説明を

した取締役

③　454条1項の規定による決定［剰余金の配当に関する事項の決定］に係る取締役会において剰余金の配当に賛成した取締役

④　監査役又は会計監査人に分配可能額の計算に関する報告をした取締役

　反対解釈により，462条1項の条文で下線を付した③－1総会議案提案取締役（同項6号イ）及び③－2取締役会議案提案取締役（同項6号ロ）は，欠損塡補責任を負わないようである。

3　請求原因

(1)　要件事実

Kg1　原因行為：欠損の発生
(1)　剰余金配当
「X社は，第α＋1期（令和3年4月1日〜令和4年3月31日）に属する令和3年12月10日，取締役会決議により2億円の中間配当（以下「本件中間配当」）を行った。」
(2)　剰余金配当を行った事業年度の計算書類の承認
「X社の第α＋1期計算書類は，令和4年6月25日の定時株主総会で承認を受けた。」
(3)　欠損の発生
「当該承認を受けた時において，461条2項3号，4号及び6号に掲げる額の合計額が同項1号に掲げる額を3億円超えた。」
Kg2　取締役の関与行為
①　Y1の場合：会社計算159条8号イ
「代表取締役Y1は，本件中間配当に関する職務を行った。」
②　Y2の場合：会社計算159条8号ハ
「代表取締役Y2は，前記取締役会において本件中間配当に賛成した。」
Kg3　取締役の支払額
(1)　欠損額
「欠損額は3億円である。」

(2)　465条1項10号が定める額
「本件中間配当における446条6号イからハの額の合計は，2億円である。」

(2)　Kg1(1)：「剰余金の配当」の限定（465条1項10号括弧書）

　事業年度に1回は業務執行者が責任を問われる機会なしに剰余金配当を行える機会を設けないと，業務執行者が過度に剰余金配当に消極的になり，株主の利益に反する（江頭716頁）。このような配慮と，欠損填補責任が中間配当制度導入の際に過剰な配当の実施を慎重にさせるために導入されたとの沿革から，定時株主総会又はこれに代わる取締役会（459条）の決議による場合は「剰余金の配当」から除かれ（465条1項10号イ），欠損填補責任は生じない。よって，【設例3−10】では，令和3年6月25日開催の定時株主総会の定めによる剰余金配当2億円については，取締役の責任は生じない。

(3)　Kg1(2)：「当該行為をした日の属する事業年度」に係る計算書類（465条1項柱書）

　「当該行為をした日の属する事業年度」に係る計算書類（465条1項柱書）は，【設例3−10】では，剰余金配当及び中間配当を行った日の属する第α+1期の計算書類を指す。

(4)　Kg1(3)：「第461条第2項第3号，第4号及び第6号に掲げる額の合計額が同項第1号に掲げる額を超えるとき」（465条1項柱書）

　標題の意味は分配可能額がマイナスになることであり，これを欠損という（465条の標題参照）。【設例3−10】では，第α+1期計算書類が第α+2期において開催された令和4年6月25日の定時株主総会で承認された時点で，3億円の欠損の発生が確定する。

(5)　Kg2：取締役の関与行為

　【設例3−10】の中間配当につき，Y3は会社計算規則159条8号イ〜ニのいずれにも該当しないため，責任を負わない。

(6)　Kg3：「その超過額（当該超過額が当該各号に定める額を超える場合にあっては，当該各号に定める額）」

　関与した取締役が支払義務を負う額は，「その超過額」すなわち**欠損額**が原則だが，欠損額が「当該各号に定める額」すなわち**剰余金配当等の額**を超える場合は**剰余金配当等の額**となる。欠損額のうち剰余金配当等をした額を超える部分は，取締役の関与とは関係なしに生じた欠損ゆえ，超える部分については取締役に責任を負わせない趣旨である（前田674頁）。

　【設例3−10】では，Kg3(1)の分配可能額を超過した欠損額（465条1項柱書）は3億円，Kg3(2)の剰余金配当をした額は2億円であるため，取締役が責任を負うのはKg3(2)の2億円となる。

(7)　効　果

　請求原因充足の効果は，次のとおりである。

> 「よって，原告X社は被告Y1及びY2に対し，2億円の支払を請求することができる。」

　支払義務を負う取締役が複数いる場合，**連帯債務者**となる（465条1項柱書）。

4　抗　弁

(1)　職務を行うにつき注意を怠らなかったことの証明（465条1項本文但書）

　関与した取締役の責任は，**立証責任が取締役に転換された過失責任**であり，**【設例3−10】**のY1及びY2はこの規定により免責され得る。

(2)　免　除

　欠損填補責任は，総株主の同意がなければ免除できない（465条2項）。

第4編　役員等の第三者に対する損害賠償責任

第1章　悪意・重過失の任務懈怠による責任（429条1項）

1　総　説

> **429条**（役員等の第三者に対する損害賠償責任）
> 1　役員等が／その職務を行うについて／悪意又は重大な過失があった
> ときは，／当該役員等は，／これによって／第三者に生じた損害を／
> 賠償する責任を負う。
> （2項省略）

　役員等の第三者に対する損害賠償責任（429条）は，判例によれば，**会社の経済社会に占める地位**及び**取締役の職務の重要性**に鑑みて**法律が特に定めた責任**とされる（最大判昭和44・11・26民集23巻11号2150頁〈百選66事件〉）。その具体的帰結は，①不法行為責任との競合を認める，②責任の範囲は直接損害に限らず間接損害も含まれる，③悪意・重過失は第三者への加害ではなく任務懈怠につき必要，などである。

　従来は，中小規模の非公開会社が倒産した場合に，会社債権者が倒産会社の取締役（後述する名目的取締役を含む）の責任を追及するために用いられ，法人格否認の法理の代替機能を果たした。

　しかし，このような場合以外，例えば消費者保護問題の加害企業等財務基盤に問題のない企業の取締役の損害賠償責任も追及できる建付けとなっている。更には，新株発行（大阪高判平成11・6・17判時1717号144頁〈百選A26事件〉），従業員の過労死（大阪高判平成23・5・25労判1033号24頁

〈百選A27事件〉），M&A（東京地判平成23・9・29判時2138号134頁〈百選A29
事件〉（共同株式移転の事案。但し善管注意義務違反なしとして請求棄却）），
MBO（東京高判平成25・4・17判時2190号96頁［レックス・ホールディングス事
件］〈百選52事件〉），新株予約権付社債の有利発行（東京高判令和元・7・17
判時2454号64頁〈百選A34事件〉）等多様な事案で直接損害の賠償を求める
利用例がある。

2　請求原因

(1)　要件事実 （類型別Ⅰ318頁・496頁（訴状例），岡口102頁参照）

> **Kg1　取締役の任務懈怠**
> **(1)　取締役**
> 「被告は，本件会社の取締役である。」
> **(2)　任務懈怠**
> 「被告は，その職務を行うにつき任務を怠った。」
> **Kg2　悪意・重過失**
> 「当該任務懈怠につき，被告に悪意又は重過失が認められる。」
> **Kg3　第三者の損害・Kg4　因果関係**（(1)又は(2)）
> **(1)　直接損害の場合**
> 「原告は，当該任務懈怠により金〇〇〇〇万円の損害を被った。」
> **(2)　間接損害の場合**
> ①　任務懈怠と会社の損害の間の因果関係
> 「当該任務懈怠により，会社は……との損害を被った。」
> ②　会社の損害と原告の損害の間の因果関係
> 「会社が当該損害を被ったことにより，原告が損害を被った。」
> ③　損害
> 「原告が被った損害の額は，金〇〇〇〇万円である。」

　429条1項では，会社が損害を被った結果第三者に**間接損害**が生じた
場合，第三者が**直接損害**を被った場合のいずれの事案かを意識する必

要がある。なお，この点は，任務懈怠の内容とも関連する。

(2)　原告適格

原告となる「**第三者**」(429条1項)は，会社債権者のみならず，株主を含む。

もっとも，**株主が間接損害の賠償を請求できるか**，問題がある。この場合に429条1項が適用されると，会社破綻時に会社債権者に劣後すべき株主が，間接損害の賠償を受けることにより会社債権者に優先する結果となり，会社債権者を害する。**任務懈怠責任**(423条1項)を**株主代表訴訟**により追及すべきで，株主が間接損害の賠償を請求する場合に429条1項は原則として適用されないとするのが多数説である（前田485頁他）。

裁判例にも，株主が取締役に間接損害の賠償を求める場合，特段の事情がない限り株主代表訴訟によらなければならず，429条1項による責任を追及することはできないとするものがある（東京高判平成17・1・18金判1209号10頁〈百選［第3版］A22事件〉）。特段の事情がある場合としては，株主代表訴訟による解決では実効性がない場合，例えば非公開会社で取締役と支配株主が一体となり会社に損害を与えている場合が挙げられる。賠償により会社の資産が増えても，実質的に支配株主が利するだけで少数株主の利とならないからである（田中372頁）。

まとめると，表のとおりである（「○」は**429条1項の適用あり**の意味）。

【429条1項の適用範囲】

原告＼損害	間接損害	直接損害
株主以外	○	○
株主	原則×（任務懈怠責任＋株主代表訴訟）	○

(3)　Kg1(1)：名目的取締役

取締役は，他の取締役や従業員に対する監視・監督義務を負い，こ

れを悪意又は重過失により怠れば429条1項の責任を負う（最判昭和48・5・22民集27巻5号655頁〈百選67事件〉）。このことは，**取締役として適法に選任され就任しているが，取締役として活動していない者**（実務で「**名目的取締役**」と呼ばれる）についても同様とされる。

　もっとも，**旧商法下**の裁判例では，会社の規模を問わず3名の取締役の選任を要求したため（旧商法255条），「名目的取締役を常に保証人的立場に置くことは酷」との考えからか，①監視義務違反なし（札幌地判昭和51・7・30判タ348号303頁，大阪高判昭和58・10・28判タ513号174頁他），②重過失なし（東京高判昭和56・9・28判タ455号148頁他），③相当因果関係なし（最判昭和45・7・16民集24巻7号1061頁，東京地判昭和51・8・23判時849号114頁他）などとして名目的取締役の責任を否定する裁判例がある。また，損益相殺又は過失相殺の類推適用，寄与度による因果関係の限定も理論上可能とされる（類型別Ⅰ323頁）。この種の事案では，名目的取締役より職務免除特約の存在，無報酬又は過少報酬，取締役会が開催されていない，他の仕事の兼務，遠隔地居住，病気又は老齢，専門知識欠如，事実上の影響力の欠如等が主張されることがあり，これらが前記①〜③（あるいは損益相殺，過失相殺，寄与度）のいずれの事情となるかは，事案の内容による。

　会社法施行後，取締役は1人で足るようになったため（326条1項），厳しい判断がなされる可能性が否定できない（江頭537頁，百選67事件の解説［梅本剛正］参照）。

（4）　Kg1（1）：登記簿上の取締役

　取締役でないにもかかわらず，取締役として登記されている者（実務で「**登記簿上の取締役**」と呼ばれる）の場合，以下のように考えられている。

　まず，**取締役に適法に選任されていないが取締役として登記されている場合**，取締役就任登記につき承諾を与えるなどして**不実登記作出**

に関与した者は，**908条2項類推適用**により自己が取締役でないことを善意の第三者に対抗できない結果，429条1項の責任を負う可能性がある（最判昭和47・6・15民集26巻5号984頁）。

　次に，**辞任登記未了の取締役**については，会社が退任登記を怠っていただけで責任を負わせるのは，酷である。よって，登記申請権者である会社の代表取締役に対し辞任登記を申請しないで不実登記を残存させることにつき**明示的に承諾を与えていたなどの特段の事情**がある場合，**908条2項類推適用**により自己が取締役でないことを善意の第三者に対抗できない結果，429条1項の責任を負う可能性がある（最判昭和62・4・16判時1248号127頁〈百選68事件〉）。

(5)　Kg1(1)：事実上の取締役

　法律上の取締役ではないにもかかわらず，事実上あたかも取締役であるかのように積極的に会社の業務に関与している者（実務で「**事実上の取締役**」と呼ばれる）につき，429条1項が類推適用される場合がある（東京地判平成2・9・3判時1376号110頁，名古屋地判平成22・5・14判時2112号66頁）。

(6)　Kg1(2)：任務懈怠

　任務懈怠の内容は，基本的に423条1項の場合と異ならず，取締役の経営判断の誤りの事案では**経営判断原則**も用いられる。なお，委任契約の相手方である会社に対するというより，むしろ**株主や会社債権者に対する注意義務**を構成するかのような例もある。

　まず，株主と取締役の利害が対立するMBOの実施により株主が直接損害を被る事案で，**株主間で公正な企業価値の移転を図らなければならない義務（公正価格移転義務）**，**株主が応じるか否かの意思決定を行う上で適切な情報を開示すべき義務（適正情報開示義務）**が問題とされた例がある（東京高判平成25・4・17判時2190号96頁［レックス・ホールディングス事件]〈百選52事件〉）。

　また，会社が倒産に瀕した時期に取締役が代金支払見込みのない商品購入等を行ったため債権者が回収不能となった事案において，**会社債権者の損害拡大を防止するため再建可能性・倒産処理等を検討すべき善管注意義務**（江頭536頁）が問題になるなどとされる。

　(7)　Kg2：悪意又は重過失

　悪意又は重過失は，会社に対する任務懈怠についての悪意又は重過失であり（前出最大判昭和44・11・26〈百選66事件〉），第三者に対する加害行為についてではない。

　(8)　Kg3：「損害」

　「損害」は，間接損害及び直接損害の双方を含む。

　会社の取引相手が賠償を請求する場合，**間接損害**型は，第三者との取引は会社が危機的状況にない時期になされ，取引自体に問題はないが，その後の拙劣な経営等の取締役の任務懈怠により経営が破綻し，会社が当該取引に係る債務を履行できなくなり，第三者が損害を被る場合である。**直接損害**型は，会社経営が悪化し，新たな取引をしても履行や支払の見込みがない状況において，あえて取引をすることにより当該取引相手に損害を与える場合である。もっとも，いずれに当たるか明瞭ではない事案もあり得る。

　なお，株主が間接損害の賠償を請求する場合，原則として任務懈怠責任（423条1項）を株主代表訴訟により追及すべきとされること前述のとおりである（(2)参照）。

　(9)　Kg4：損害の種類と因果関係の内容

　主張される**任務懈怠**の内容と，これと**因果関係**がある**損害**（直接損害か間接損害かを含む）は紐付けされる。

　まず，**直接損害**と紐付けされる任務懈怠が主張される事案では，**任務懈怠と第三者の損害**との間の直接の因果関係を主張立証する。これに対し，**間接損害**と紐付けされる任務懈怠が主張される事案では，①

任務懈怠と**会社の損害**（会社財産の棄損等）の間，及び，②**会社の損害**と**第三者の損害**（会社に対する債権の回収不能額等）の間の2段階について因果関係が必要となる（類型別Ⅰ341頁）。

（10）　効　果

請求原因充足の効果は，次のとおりである。

> 「よって，原告は被告に対し，金○○○○万円の賠償を請求することができる。」

複数の取締役が責任を負う場合，**連帯債務者**となる（430条）。

3　抗　弁

429条1項の責任は不法行為責任ではないが，損益相殺や過失相殺の類推適用，寄与度による因果関係の限定も理論上可能とされる（類型別Ⅰ323頁）。

第2章　虚偽の情報開示による責任（429条2項）

1　総　説

429条（役員等の第三者に対する損害賠償責任）
（1項省略）
2　次の各号に掲げる者が，／当該各号に定める行為をしたときも，／前項と同様とする。／ただし，その者が当該行為をすることについて注意を怠らなかったことを証明したときは，／この限りでない。
一　取締役及び執行役　次に掲げる行為
（イ省略）
ロ　計算書類及び事業報告並びにこれらの附属明細書並びに臨時計算書類に記載し，又は記録すべき重要な事項についての／虚偽の

　　記載又は記録
　ハ　虚偽の登記
　ニ　虚偽の公告（第440条第3項に規定する措置［決算公告の電磁的公示
　　の措置］を含む。）
　（二～四号省略）

　429条2項は，虚偽の情報開示により損害を被った第三者に対する役員等の責任を定める。**情報開示の重要性**及びその**虚偽の場合の危険性**から，同条1項の場合と異なり**主張立証責任が役員等に転換された過失責任**とされる。

　【設例4－1】により，**計算書類に虚偽の記載**がされた場合を例に要件事実を整理する。

【設例4－1】
　A社は，**代表取締役Y1**，**財務担当取締役Y2**及び**営業担当取締役Y3**により取締役会を構成する**取締役会設置会社**である。
　Y1及びY2は，実際には**土壌汚染のため1億円の価値しかないA社所有土地を5億円と評価して記載**した**貸借対照表**を作成し，これを**大口仕入先のX社**に提出した。X社は，当該貸借対照表の記載を信用し，当該本件土地に根抵当権を設定してA社に原材料を販売したが，その後A社が**倒産**したため，A社に対する3億円の売掛債権のうち**2億円が回収不能**となった。なお，Y1は土壌汚染の事実を知っていたが，Y2は当該事実を知らず，知らなかったことにつき過失はなかった。Y3は，当該貸借対照表の作成に関与しなかった。

2　請求原因

(1)　要件事実（429条2項1号ロの場合）

　計算書類の記載等を信じて取引に入り損害を被るケースは，概ね直接損害事案である。以下，**【設例4－1】**に即して要件事実を整理する。

> **Kg1　取締役の計算書類等虚偽記載**
> **(1)　取締役**
> 「被告は，A社の取締役である。」
> **(2)　計算書類等虚偽記載**
> 「被告は，貸借対照表に……との虚偽の記載をした。」
> **Kg2　第三者の損害・Kg3　因果関係**
> 「原告は，当該虚偽記載を信頼してA社と取引したところ，A社に対する2億円の債権が回収不能となる損害を被った。」

---

(2)　Kg1(1)：虚偽記載等をした取締役

貸借対照表は，通常は財務担当の取締役により作成されるが，例えば代表取締役と合議の上で貸借対照表を作成した場合など，「虚偽の記載又は記録」をした取締役に複数が該当する場合もある（東京地判平成19・11・28判タ1283号303頁〈百選69事件〉）。

(3)　Kg1(2)：虚偽

「虚偽」には，必要事項を記載又は記録しないことも含まれる。なお，例えば貸借対照表の有形固定資産の欄に虚偽の水増記載をした場合，この虚偽記載と連動して資産合計，任意剰余金，純資産合計，負債・純資産合計の各欄にも虚偽記載が発生する。

(4)　Kg2・3：損害及び因果関係

429条2項の場合，**直接損害**につき，任務懈怠ではなく，虚偽の記載又は記録（以下「**虚偽記載等**」という）との因果関係を主張立証することとなる。具体的には，原告は，**虚偽記載等がなければ取引しなか**ったであろう事実を主張立証しなければならないが，その立証ができれば，虚偽記載等又はその原因となった事実が会社の倒産を招いた事実等の立証は不要とされる（前出東京地判平成19・11・28〈百選69事件〉及びその解説［黒沼悦郎］参照）。

(5)　効　果

請求原因充足の効果は，次のとおりである。

| 「よって，原告は被告に対し，2億円の賠償を請求することができる。」 |

　複数の取締役が責任を負う場合，**連帯債務者**となる（430条）。

3　抗　弁

　取締役は，当該行為をすることについて注意を怠らなかったことを証明すれば免責される（429条2項柱書但書）。**【設例4−1】**の場合，Y2は免責され得る。

第5編　取締役の解任等

第1章　取締役解任の訴え（854条）

1　総　説

854条（株式会社の役員の解任の訴え）

1　役員（第329条第1項に規定する役員［取締役，会計参与及び監査役］をいう。以下この節において同じ。）の職務の執行に関し／不正の行為又は法令若しくは定款に違反する重大な事実があったにもかかわらず，／当該役員を解任する旨の議案が株主総会において否決されたとき／又は当該役員を解任する旨の株主総会の決議が第323条［種類株主総会の決議を必要とする旨の定款の定めがある場合］の規定によりその効力を生じないときは，／次に掲げる株主は，／当該株主総会の日から30日以内に，／訴えをもって／当該役員の解任を請求することができる。

一　総株主（次に掲げる株主を除く。）の議決権の100分の3（これを下回る割合を定款で定めた場合にあっては，その割合）以上の議決権を／6箇月（これを下回る期間を定款で定めた場合にあっては，その期間）前から／引き続き有する株主（次に掲げる株主を除く。）

イ　当該役員を解任する旨の議案について／議決権を行使することができない株主

ロ　当該請求に係る役員である株主

二　発行済株式（次に掲げる株主の有する株式を除く。）の100分の3（これを下回る割合を定款で定めた場合にあっては，その割合）以上の数の株式を／6箇月（これを下回る期間を定款で定めた場合にあっては，その期間）前から／引き続き有する株主（次に掲げる株主を除く。）

イ　当該株式会社である株主

ロ　当該請求に係る役員である株主

2　公開会社でない株式会社における前項各号の規定の適用については，／これらの規定中「6箇月（これを下回る期間を定款で定めた場合

> にあっては，その期間）前から引き続き有する」とあるのは，／「有
> する」とする。
> （3項以下省略）

　取締役の解任は，第一義的には**株主総会の自治**により行われるべき
だが（339条1項），適任でない取締役の解任が多数派株主により不当に
阻止されることもあり得る。このような場合に**少数株主の保護**を図る
取締役解任の訴え（854条）は，会社と取締役の間の法律関係の解消を
目的とする**形成訴訟**であり，会社と取締役の双方が被告とされる固有
必要的共同訴訟とされる（855条）。

　なお，**第3章**で触れるとおり，取締役解任の訴え（854条）は，取締役
等の職務執行停止及び職務代行者選任を求める仮処分の本案訴訟とな
り得る。以下では，**取締役の解任に種類株主総会の決議を必要とする
旨の定款の定めがない場合**を前提に，要件事実を整理する。

2　請求原因

（1）　要件事実（類型別Ⅰ3頁・458頁（訴状例），岡口53頁）

> Kg1　原告適格基礎付事実（(1)又は(2)）
> （1）　非公開会社の場合（①又は②）
> 「原告Xは，非公開会社である被告会社Y社の株主である。」
> ①　議決権割合
> 「原告Xは，Y社の総株主の議決権〇〇〇個の3%以上である〇〇個の
> 議決権を有する。」
> ②　保有株式数割合
> 「原告Xは，Y社の発行済株式〇〇〇株の3%以上である〇〇株の株式
> を有する。」
> （2）　公開会社の場合（①又は②）（下線は非公開会社の場合と異なる部
> 　　分）
> 「原告Xは，公開会社である被告会社の株主である。」

① 議決権割合

「原告Xは，Y社の総株主の議決権〇〇〇個の3%以上である〇〇個の議決権を，訴え提起の6か月前から引き続き有する。」

② 保有株式数割合

「原告Xは，Y社の発行済株式〇〇〇株の3%以上である〇〇株の株式を，訴え提起の6か月前から引き続き有する。」

Kg2　取締役

「被告Y1は，被告会社Y社の取締役である。」

Kg3　職務執行に関する不正行為等（(1)又は(2)）

「被告Y1の職務執行に関し，」

(1)　不正行為

「不正な行為があった。」

(2)　法令又は定款に違反する重大な事実

「法令又は定款に違反する重大な事実があった。」

Kg4　解任議案否決

「令和〇年〇月〇日に開催された被告会社Y社の株主総会で，被告Y1の解任議案が否決された。」

(2)　Kg1(1)：少数株主要件と「総株主」・「発行済株式」

3%（定款でこれを下回る割合を定めることが可能）の少数株主要件は，議決権割合（854条1項1号）又は保有株数割合（同項2号）のいずれかを満たせば足る。この点，**議決権割合**を算定する際の**分母**である「**総株主**」（同項1号）から，①当該役員解任議案につき議決権を行使することができない株主，及び，②解任請求の対象となる役員である株主が除かれる（同項1号イ・ロ）。また，**保有株数割合**を算定する際の**分母**である「**発行済株式**」（同項2号）から，①当該株式会社の自己株式及び②解任請求の対象となる役員である株主が有する株式が除かれる。

(3)　Kg1(2)：公開会社における6か月間の継続保有

公開会社においては，経営に関心のない者が株式を取得して濫用的に行使する事態を抑止するため，少数株主要件につき6か月間（定款で

これを下回る期間を定めることが可能）の継続保有が必要とされる（854条1項各号）。その**起算日**は，法文上明らかではないが，これが訴え提起の要件であることから**訴え提起の日**から遡る6か月と解されており，株主総会の時点ではない（類型別 I 7頁）。

法文に「引き続き」（854条1項）とあるため，公開会社における少数株主要件は，訴え提起前6か月の全時期において充足している必要がある。また，訴訟係属中の株式譲渡等により3％を下回った場合，原告適格を失ったものとして却下される（類型別 I 8頁）。

(4)　Kg2：取締役権利義務者

取締役権利義務者（346条1項）に対しては，取締役解任の訴え（854条）を提起できない（最判平成20・2・26民集62巻2号638頁〈百選43事件〉）。取締役権利義務者のような暫定的性格にすぎない者を854条は予定しておらず，また，退任した取締役を解任するのも背理だからである。

取締役権利義務者（346条1項）の地位を失わせたい場合に少数株主が採り得る手段を，**3**で取り扱う。

(5)　Kg3(1)：「不正の行為」

不正の行為（854条1項）とは，**故意に会社を害すること**（田中222頁），役員がその義務に違反して会社に損害を生ぜしめる故意の行為（コンメンタール19巻638頁［浜田道代］）などとされ，会社財産の費消等がこれに該当する。法令定款違反（854条1項）の場合と異なり「重大な」が付されていないが，「不正」との概念の性質上，当然に重大であることが前提とされる（類型別 I 15頁）。

(6)　Kg3(2)：「法令若しくは定款に違反する重大な事実」

「法令若しくは定款に違反する重大な事実」（854条1項）については，軽微な違反についてまで裁判所の介入を認めると株主総会の自治を犯すことになるため，法令定款違反が「重大な」場合に限られる。なお，**経営判断の誤りを理由とする場合**は，善管注意義務違反に基づく任務

懈怠責任（423条1項）を判断する場合と同様，**経営判断原則**が適用され
よう（類型別Ⅰ16頁参照）。

(7)　Kg3(1)(2)：不正行為等の時期

　不正の行為又は法令若しくは定款に違反する重大な事実は，いかな
る時期に生じる必要があるか。この点，①取締役解任を議題とする株
主総会の招集前に生じた事由はもちろんのこと，**②解任議案否決時点**
までに生じた事由も，**株主総会の自治**による判断を経たなら，取締役
解任の訴えの解任事由となり得よう（高松高決平成18・11・27金判1265号14
頁）。もっとも，③解任議案否決後に生じた事由は，株主総会の自治に
よる判断を経ていないため，解任事由とならない。

(8)　Kg4：定足数不足により株主総会が流会となった場合

　「否決されたとき」（854条1項）を文字どおりに解すれば，定足数不足
により株主総会が流会となった場合はこれに該当しないが，それでは
多数派株主の恣意的な欠席により取締役解任の訴えの提起を妨害でき
ることとなり，妥当でない。よって，「否決されたとき」とは，**議題と
された解任の決議が成立しなかった場合**とされ，流会の場合も含まれ
る（類型別Ⅰ12頁）。

(9)　Kg4：取締役解任議案が否決されることが明らかな場合

　取締役解任議案が否決されることが明らかな場合であっても，「否
決された場合」に該当しない（類型別Ⅰ15頁）。854条1項は株主総会の自
治を第一次的には尊重する趣旨であること，仮にこの場合が「否決さ
れたとき」に該当するなら出訴期間（854条1項柱書）の起算日を特定で
きないことが理由である（よってKg4に決議が否決された日を記載す
る）。少数株主は，速やかに株主総会招集請求（297条）を行い，それで
も遅滞なく株主総会の招集がなされない場合は裁判所の許可（297条4
項）を得て取締役解任を議題とする株主総会を招集し，否決決議を経
てから取締役解任の訴えを提起する必要がある。

　もっとも，取締役解任の訴えを本案訴訟として取締役等の職務執行
停止及び職務代行者選任の仮処分を申し立てる場合，別の議論がある
（第3章2(2)②参照）。

(10)　提訴期間及び被告

　原告は，株主総会の日から30日以内に，会社及び取締役を被告とし
て（855条），被告取締役の解任を求める訴えを提起する必要がある。

(11)　効果（類型別Ⅰ3頁・458頁（訴状例））

　請求原因充足の効果は，以下のとおりである。

> 「よって，被告Y1は被告会社Y社の取締役を解任される。」

　判決確定により，取締役解任の効果が生じる。確定判決に対世効は
ないが，被告である会社と取締役が拘束されるため，実務上ほぼ不都
合はなかろう（類型別Ⅰ18頁）。

3　取締役権利義務者の地位を失わせる方法

　前述のとおり，取締役権利義務者（346条1項）に対しては，取締役解
任の訴え（854条）を提起できない。

　取締役権利義務者（346条1項）の地位を失わせたい少数株主としては，
まず，株主総会招集請求権（297条），又は，株主総会の招集が予定され
ているなら株主提案権（303条）を行使し，会社に必要人数の取締役の
選任を求める。なお，株主総会招集請求をしても遅滞なく株主総会の
招集がなされない場合，少数株主は裁判所の許可（297条4項）を得て取
締役選任を議題とする株主総会の招集をすることができる。

　このようにして新たな所定数の取締役の選任を求めるまでの間，「必
要がある」と認められれば，利害関係人として裁判所に一時取締役の
職務を行うべき者（一時取締役）の選任を申し立てる（346条2項）。な
お，「役員権利義務者に不正行為等があり，役員を新たに選任すること

ができない」場合が「必要があると認めるとき」(346条2項) に該当することを示唆する判例がある (前出最判平成20・2・26〈百選43事件〉)。

第2章　不当解任を理由とする取締役の損害賠償請求権 (339条2項)

1　総　説

> 339条 (解任)
> 1　役員及び会計監査人は,／いつでも,／株主総会の決議によって／解任することができる。
> 2　前項の規定により解任された者は,／その解任について正当な理由がある場合を除き,／株式会社に対し,／解任によって生じた損害の賠償を請求することができる。

　取締役の不当解任を理由とする損害賠償責任 (339条2項) は,不法行為責任 (民709条) ではなく,故意又は過失を要しない特別法定責任と解されている (大阪高判昭和56・1・30判タ444号140頁,広島地判平成6・11・29判タ844号230頁他)。

2　請求原因

(1)　要件事実 (類型別 I 20頁・461頁,岡口49頁)

> Kg1　原告適格基礎付事実
> 「令和〇年〇月〇日,被告会社の定時株主総会で原告を取締役に選任する決議がされ,原告は取締役就任を承諾し,被告会社の取締役に就任した。」
> Kg2　株主総会決議による任期満了前解任
> (1)　任期
> 「被告会社の定款には,取締役の任期を選任後2年以内に終了する事業

> 年度のうち最終のものに関する定時株主総会の終了の時までとする定めがある。」
> (2)　任期満了前の解任
> 「原告は，任期満了前の令和△年△月△日に開催された被告会社の株主総会の決議により，取締役を解任された。」
> Kg3　損害・Kg4　因果関係
> 「原告は，被告会社の取締役を解任されたことにより，……との損害を被った。」

(2)　Kg2：株主総会決議による任期満了前解任

「前項の規定により解任された」(339条2項)とは，「株主総会の決議によって解任」(同条1項)された場合を指す。よって，取締役解任の訴え(854条)により解任された場合，任期満了により退任したが再任されなかった場合には339条2項は適用されない。

(3)　Kg3・4：「解任によって生じた損害」

「解任によって生じた損害」(339条2項)は，**取締役を解任されなければ残存の任期期間中及び任期終了時に得べかりし利益の喪失による損害**とされる(前出大阪高判昭和56・1・30)。

なお，このような判例・通説の考え方は，取締役の任期が最長2年であった時期に形成されたが，非公開会社(監査等委員会設置会社及び指名委員会等設置会社を除く)の取締役の任期を定款により最長10年とすることが可能となり(332条2項)，残存の任期期間が長期にわたる場合が発生し得る。このような場合，信義則等を理由とする請求の制限がなされる場合もあり得よう((4)参照)。

(4)　Kg2〜4：取締役の任期を短縮する定款変更により任期が満了し退任した場合

取締役の任期を10年から1年に短縮する定款変更により任期が満了し退任した者につき，**339条2項の類推適用**により損害賠償請求を認め

た裁判例がある。規制の潜脱を許さない趣旨だが，**損害額の算定期間**については，**会社・株主の利益**と**取締役の任期に対する期待**を調和させ，退任後の2年間に限定した（東京地判平成27・6・29判時2274号113頁〈百選A16事件〉）。

(5)　効　果

請求原因充足の効果は，以下のとおりである。

> 「よって，原告は被告会社に対し，金〇〇〇万円の損害の賠償を求めることができる。」

(6)　その他の責任

339条2項は，別途会社に不法行為責任（民709条）等が生じる余地を否定するものではない。そのため，例えば，解任行為やこれに伴い行われた名誉棄損行為等に基づき別途慰謝料請求権（民709条）等が発生する余地がある（類型別Ⅰ29頁）。

3　抗　弁

解任につき**正当な理由**（**339条2項**）があることが抗弁となるところ，これは，**会社又は株主の利益**と**取締役の任期に対する期待の調整**を図るための要件で，**取締役として職務の執行を委ねることができないと判断することもやむを得ない客観的合理的な事情**などとされる（東京地判平成8・8・1商事1435号37頁）。具体的には，取締役に職務執行上の法令定款違反行為があった場合（前出東京地判平成8・8・1（取締役が特定の業者と癒着し不当に自己又は第三者の利益を図るなどした事案）），心身の故障のため職務執行に支障がある場合（最判昭和57・1・21判タ467号92頁〈百選42事件〉）等が正当理由の例として挙げられるが，能力の著しい欠如も正当理由とされ得る（東京高判昭和58・4・28判時1081号130頁（監査役が税理士として会社のためにした税務処理において明らかな過誤を犯し会社に損失を与え

た事案))。

　取締役の経営判断の誤りにより会社に損害が生じたが，経営判断原則より取締役に損害賠償責任があるとまでは言えない場合，正当理由を肯定すべきか。学説上議論があるが（百選42事件の解説［古川朋雄］参照），個別具体的な事案に応じて判断されることとなろう。

　他方，大株主の好みなどの主観的な信頼関係喪失を理由とする場合，原則として正当理由にならない。

第3章　取締役等の職務執行停止・職務代行者選任の仮処分

1　総　説

　経営権争いに際して，代表取締役又は取締役の職務執行停止及び職務代行者選任を求める**仮の地位を定める仮処分**（民保23条2項）が申し立てられることがある。商事仮処分の中で多く用いられる実務上重要な類型であるため，また，これまで取り扱った訴訟物が被保全権利において主張されるため，本章で取り扱う。なお，登記の嘱託（民保56条）及び取締役職務代行者の権限（352条）につき規定がある。

民事保全法23条（仮処分命令の必要性等）
1　係争物に関する仮処分命令は，その現状の変更により，債権者が権利を実行することができなくなるおそれがあるとき，又は権利を実行するのに著しい困難を生ずるおそれがあるときに発することができる。
2　仮の地位を定める仮処分命令は，／争いがある権利関係について／債権者に生ずる著しい損害又は急迫の危険を避けるためこれを必要とするときに／発することができる。
（3項以下省略）

　これらの仮処分を申し立てる債権者は，①**争いがある権利関係**（被

保全権利）及び②債権者に生じる著しい損害又は急迫の危険を避ける
ための必要性（保全の必要性）を主張立証しなければならない。会社
及び職務執行を停止される取締役に対する影響が大きいため，被保全
権利及び保全の必要性の疎明は相当高度に要求される。

2　被保全権利

(1)　「争いがある権利関係」（民保23条2項）

「争いがある権利関係」（民保23条2項）とは，債権者・債務者間で権
利関係につき争いがあり，その争いが確定判決により解決されていな
い状態を指す。23条1項では「権利」とされているが，同条2項では「権
利関係」とされており，予定される本案訴訟として，取締役を選任し
た株主総会決議の取消訴訟のような権利を発生させるのではない訴訟
も含まれる。

(2)　本案訴訟の類型

本案訴訟は，いずれも取締役等の地位を否定する訴訟でなければな
らず，次の①～⑤に整理される（類型別Ⅱ875頁）。

① **取締役を選任した株主総会の効力を争う訴え**

当該取締役を選任した株主総会に係る**株主総会決議取消しの訴え**
（831条），**株主総会決議不存在確認の訴え**（830条1項）及び**株主総会決
議無効確認の訴え**（830条2項）は，実務上多く用いられる本案訴訟で
ある（要件事実等につき**第1編第2章**参照）。

② **取締役解任の訴え**（854条）

取締役解任の訴えは，取締役の地位の否定を内容とするため，本
案訴訟となり得る（その要件事実等につき**第1章**参照）。

なお，**株主総会で解任決議が否決される前であっても仮処分を求
めることができるか**につき，否定説もあるが，解任されるまで仮処
分を申し立てることができないとすると，会社に重大な損害が生じ

目的を達することができない。少なくとも株主総会の招集請求（297条1項）をするなどその準備を整えていれば，肯定される余地がある（類型別Ⅱ875頁）。

③　**代表取締役を選定した取締役会の効力等を争う訴え**

代表取締役の職務執行の停止を求める仮処分も認められ，本案訴訟として，当該代表取締役を選定した取締役会に係る**取締役会決議無効確認の訴え**及び**取締役会決議不存在確認の訴え**が考えられる（類型別Ⅱ540頁以下参照）。職務執行停止の対象は，代表取締役としての職務にとどまり，取締役としての職務の執行は停止されない。また，代表取締役の職務代行者を選任できる可能性がある（類型別Ⅱ876頁）。

④　**取締役の地位不存在確認の訴え**

取締役に就任していないが取締役として行動している場合，取締役を辞任したのに取締役として行動している場合等では，取締役の地位不存在確認の訴えを本案訴訟とすることとなる（類型別Ⅱ877頁）。

⑤　**設立無効の訴え（828条1項1号）**

実務上稀ゆえ解説を省略する。

他方，**取締役の違法行為差止請求訴訟（360条）**は，取締役の個々の行為を問題とするのみで，取締役の地位を否定するものではないため，職務執行停止の仮処分の本案訴訟たり得ない（類型別Ⅱ877頁）。もっとも，差止対象となる法令違反の事実が重大なら，取締役解任の訴え（854条）を本案訴訟として職務執行停止の仮処分の申立てが可能な場合があり得よう。

(3)　職務執行停止の仮処分の当事者

ア　債権者

(2)①〜⑤の本案訴訟の原告適格を有する者が，職務執行停止の仮処分の債権者となる。本案訴訟の原告適格につき，株主総会決議取消しの訴え（831条1項柱書），取締役解任の訴え（854条1項各号）及び設立無

効の訴え（828条2項1号）の場合は規定があるが，これら以外の場合，**株主**は共益権により訴えの利益が認められ，当事者適格を有する。また，**取締役**は業務執行権限及び他の取締役の職務執行の監督権限（362条2項），**監査役設置会社の監査役**は業務監査権限（381条2項等）により，それぞれ法令定款に違反する取締役の職務執行に対する監督是正権を有するから，訴えの利益が認められ，債権者となり得る。

イ　債務者

会社及び**取締役**の双方を債務者とする。仮処分の結論は両者で各別にすることができず合一的確定の要請が働くため，必要的共同訴訟に準じた取扱いとなる（類型別Ⅱ879頁）。

3　保全の必要性

(1)　「債権者」に生じる著しい損害又は急迫の危険（民保23条2項）

「債権者」（民保23条2項）として仮処分を申し立てることができる株主，取締役又は監査役は，いずれも会社の利益のために仮処分の申立てをすることができる。よって，**「損害」又は「危険」（民保23条2項）**は会社の損害又は危険とされ，仮処分を申し立てる株主，取締役又は監査役の損害又は危険ではない。会社に損害が発生しない場合，仮処分は発令されず，結果として，保全の必要性の判断に際し**「債権者」（民保23条2項）を「会社」に読み替える**こととなる（大阪高決昭和26・2・28高民4巻2号32頁，東京高決昭和52・11・8判時878号100頁，名古屋高決平成2・11・26判タ753号210頁，類型別Ⅱ879頁参照）。

(2)　保全の必要性が認められる類型

保全の必要性が認められるのは，一般的に，①現在の取締役では会社の対外的信用が棄損されるおそれがある場合，②現在の取締役に経営能力がない場合，③現在の取締役が会社の重要な財産を毀損するおそれがある場合等に分類される（類型別Ⅱ880頁参照）。これらの評価を基礎付ける具体的事実が，主張及び疎明の対象となる。

4　要件事実等

　【設例5−1】を例に，取締役等の職務執行停止及び職務代行者選任の仮処分における要件事実を整理する。

【設例5−1】

　Ｙ社において，令和○年○月○日，株主総会決議により新たにＹ1及びＹ2が取締役に選任され，同日，取締役会決議により新たにＹ1が代表取締役に選定されたとして当該選任等に係る登記がなされたが，当該株主総会及び取締役会は実際には開催されていない。その後，Ｙ1及びＹ2はＹ社の重要な財産の処分等を行おうとしているところ，Ｙ社の株主Ｘはこれを阻止するため，Ｙ1及びＹ2による職務執行を停止したいと考えている。

---

　(1)　**要件事実**（類型別Ⅱ872頁・999頁以下（仮処分命令申立書例）参照）

　1　当事者適格
　(1)　債権者（株主）及び債務者会社
　「債権者Ｘは，債務者Ｙ社の株主である。」
　(2)　債務者取締役
　「債務者Ｙ1は債務者Ｙ社の代表取締役，債務者Ｙ2は同社の取締役である。」
　2　被保全権利（本案訴訟）
　(1)　取締役を選任する株主総会決議
　「債務者Ｙ社につき，令和○年○月○日，株主総会が開催され，債務者Ｙ1及びＹ2を同社の取締役に選任する旨の決議がなされたとして，同日に就任した旨の登記がなされた。」
　(2)　代表取締役を選定する取締役会決議
　「同日，取締役会が開催され，債務者Ｙ1を代表取締役に選定する旨の決議がなされたとして，同日に就任した旨の登記がなされた。」
　(3)　各決議の不存在を裏付ける事実
　「上記株主総会及び取締役会はいずれも開催されておらず，上記各決議

もなされていない。」
3　保全の必要性
(1)　本案訴訟の準備
「債権者Xは，株主総会決議不存在確認の訴え及び取締役会決議不存在確認の訴えを提起すべく準備中である。」
(2)　会社の著しい損害
「しかし，本案判決の確定を待っていたのでは，その間に債務者らにより会社の重要な財産が処分されるなど，債務者Y社に著しい損害が生じるおそれがある。」
(3)　必要性
「よって，債務者Y1及び債務者Y2の各職務執行を停止し，その職務代行者を選任する必要がある。」

(2)　要件事実1(1)：債権者
　株主総会決議不存在確認の訴え（830条1項）及び取締役会決議不存在確認の訴えの原告適格を有する者が，取締役職務執行停止等仮処分の債権者となり得る。

(3)　要件事実2：本案訴訟
　株主総会決議不存在確認の訴え（830条1項）の要件事実につき，**第1編第2章第3節**を参照されたい。

(4)　要件事実3(2)：会社の著しい損害等
　「債権者に生ずる著しい損害又は急迫の危険」（民保23条2項）は，前述のとおり「会社に生ずる……」に読み替えられる（3(1)参照）。

(5)　仮処分の主文
　要件事実が充足される場合の仮処分命令は，①債務者取締役に対する主文，②債務者会社に対する主文，③職務代行者選任に関する主文より成る（類型別Ⅱ999頁参照）。

1　債務者取締役に対する主文
「債務者Y社において，債務者Y1は取締役兼代表取締役の，債務者Y2

は取締役の，各職務をそれぞれ執行してはならない。」

2　債務者会社に対する主文

「債務者Y社は，上記各債務者に上記各職務を執行させてはならない。」

3　職務代行者選任

「上記職務執行停止の期間中，代表取締役及び取締役の各職務を行わせるため，Aを取締役兼代表取締役職務代行者に，Bを取締役職務代行者にそれぞれ選任する。」

　職務代行者は，裁判所が，債務者会社らと利害関係のない者より，通常は弁護士を選任する（類型別Ⅱ883頁）。

第4章　帳簿等閲覧謄写請求権（433条）

1　総　説

433条（会計帳簿の閲覧等の請求）

1　**総株主**（株主総会において決議をすることができる事項の全部につき議決権を行使することができない株主を除く。）**の議決権の100分の3**（これを下回る割合を定款で定めた場合にあっては，その割合）**以上の議決権を有する株主又は発行済株式**（自己株式を除く。）**の100分の3**（これを下回る割合を定款で定めた場合にあっては，その割合）**以上の数の株式を有する株主**は，／株式会社の営業時間内は，いつでも，／次に掲げる請求をすることができる。／この場合においては，／当該請求の理由を明らかにしてしなければならない。

　一　会計帳簿又はこれに関する資料が書面をもって作成されているときは，／当該書面の／**閲覧又は謄写の請求**

　二　会計帳簿又はこれに関する資料が電磁的記録をもって作成されているときは，／当該電磁的記録に記録された事項を法務省令で定める方法により表示したものの／**閲覧又は謄写の請求**

2　前項の請求があったときは，／株式会社は，／次のいずれかに該当すると認められる場合を除き，／これを拒むことができない。

> 一　当該請求を行う株主（以下この項において「請求者」という。）が／その権利の確保又は行使に関する調査以外の目的で／請求を行ったとき。
> 二　請求者が／当該株式会社の業務の遂行を妨げ，／株主の共同の利益を害する目的で／請求を行ったとき。
> 三　請求者が／当該株式会社の業務と実質的に競争関係にある事業を営み，／又はこれに従事するものであるとき。
> 四　請求者が／会計帳簿又はこれに関する資料の閲覧又は謄写によって知り得た事実を／利益を得て第三者に通報するため／請求したとき。
> 五　請求者が，／過去2年以内において，／会計帳簿又はこれに関する資料の閲覧又は謄写によって知り得た事実を／利益を得て／第三者に通報したことがあるものであるとき。
>
> （3項以下省略）

　取締役の違法行為の差止請求権（360条），取締役の責任を追及する株主代表訴訟（847条），取締役の解任請求権（854条1項）等を適切に行使するためには，株主が会社の業務や財産の状況に関する情報を得る必要がある。よって会計帳簿等閲覧謄写請求権（433条）が設けられるが，会社の**営業秘密**に直接関わるため**濫用的行使の危険性**があり，**請求権者の制限**や**拒絶事由**が定められる。

　実務上，訴訟外で利用されることが少なくない。**株主が原告となる場合**を例にその要件事実を整理するが，親会社社員が原告となる場合（433条3項・4項）は省略する。

2　請求原因

　（1）　**要件事実**（類型別Ⅱ657頁・971頁（訴状例），岡口26頁）

> Kg1　原告適格基礎付事実（(1)又は(2)）
> (1)　議決権割合
> 「原告は，被告会社の総株主の議決権○○○個の3%以上である○○個

の議決権を有する，被告会社の株主である。」
(2)　保有株式数割合
「原告は，被告会社の発行済株式○○○株の3%以上である○○株の株式を有する，被告会社の株主である。」
Kg2　閲覧謄写請求の理由
「原告は，……を理由として，会計帳簿等の閲覧謄写を請求する。」
Kg3　閲覧謄写請求の対象となる会計帳簿等の存在
「上記閲覧請求の対象となる会計帳簿等は，……である。」
Kg4　Kg2とKg3の関連性
「上記閲覧謄写請求の対象となる会計帳簿等は，上記閲覧謄写請求の理由と関連する。」

(2)　Kg1：少数株主要件

　3%との少数株主要件は，議決権割合又は保有株数割合のいずれかで充足すれば足る。この点，**議決権割合**を算定する際の**分母**である「**総株主**」(433条1項) から，株主総会において決議をすることができる事項の全部につき議決権を行使することができない株主が除かれる。また，**保有株数割合**を算定する際の**分母**である「**発行済株式**」(同項) から，当該会社の自己株式が除かれる。

(3)　Kg2：閲覧謄写請求の理由

　理由を明らかにさせる趣旨は，手続を慎重にさせることと，会社が拒絶事由の有無，閲覧に応ずべき義務や範囲等を判断できるようにするためである。よって，原告はこれらを判断できる程度に具体的に記載し，当該理由に根拠がないことは会社側が主張立証することとなる。原告による理由の記載が具体的でなければ，閲覧謄写対象と請求理由の間の関連性（Kg4）を欠くとされ，あるいは株主の権利の確保又は行使に関する調査以外の目的（433条2項1号）を理由に拒絶され得る。

(4)　Kg3：「会計帳簿又はこれに関する資料」

　「会計帳簿」の語は396条（会計監査人の権限等），432条（会計帳簿

の作成及び保存）等でも用いられるが，立案担当者は，各規定におけ
る「会計帳簿」の意味は，それぞれの規定の趣旨に照らした解釈によ
り定められるとする（相澤哲・岩崎友彦「新会社法の解説(10)株式会社の計算
等」旬刊商事法務1746号28頁（平成17年））。

　この点，「**会計帳簿**」(433条1項1号) は，計算書類と附属明細書は個々
の株主が閲覧謄写請求できるため（442条3項）除かれ，**計算書類と附属
明細書を作成する基礎となる帳簿**とされ（神田313頁），総勘定元帳や現
金出納帳等が該当する。また，「**会計帳簿に関する資料**」(433条1項1号)
は，**会計帳簿を作成するに際して直接の資料となった書類その他会計
帳簿を実質的に補充する書類**とされ（横浜地判平成3・4・19判時1397号114
頁〈百選A32事件〉），その範囲は会社により異なり得る。

　法人税確定申告書については，有力な反対説があるが（江頭734頁），
会計帳簿を材料として作成される書類であって，会計帳簿を作成する
際の資料ではないので，閲覧謄写対象にならないとされる（前出横浜地
判平成3・4・19〈百選A32事件〉）。

　(5)　Kg3：閲覧対象の会計帳簿等の存在に関する立証責任

　閲覧対象の会計帳簿等の存在については，請求者である**株主**が主張
立証責任を負う。もっとも，当該会計帳簿等が**法律上備置きを義務付
けられる場合**や，**企業会計上一般的に作成される**ものであればその存
在が**事実上推定**され，会社側で存在しないことを積極的に反証しなけ
ればならないと考えられる（類型別Ⅱ671頁）。

　(6)　Kg4：関連性

　閲覧謄写の対象と請求理由の関連性も，株主が主張立証責任を負う
（類型別Ⅱ675頁）。実際の訴訟では，会社側の反論により請求が認めら
れる範囲が絞り込まれる。

　(7)　訴訟外における閲覧謄写請求の要否

　予め訴訟外において閲覧謄写請求をして会社から拒絶されたこと

は，訴え提起の要件ではなく，直ちに訴えをもって閲覧謄写請求をすることも可能である（類型別Ⅱ689頁）。

(8)　効　果

請求原因充足の効果は，以下のとおりである。

> 「よって，原告は被告会社に対し，被告会社の…（会計帳簿等）…の閲覧又は謄写を請求することができる。」

3　抗　弁

(1)　総　説

433条2項1号及び2号が一般的拒絶事由であり，同項3号ないし5号はその特殊具体的な場合を定める。主要な争点を確認する。

(2)　複数株主による共同請求

複数株主による共同請求の場合，請求者は一体関係にあるのが通常であるから，請求者の一人に拒絶理由があれば，その者の持株数（議決権数）を除いてなお他の株主が少数株主要件を満たし，これら他の株主に拒絶事由がないとしても，請求を拒み得るとするのが多数説である。しかし，判例は，各々が少数株主要件を満たす場合，拒絶事由の存否を各別に判断すべきとする（最決平成21・1・15民集63巻1号1頁〈百選74事件〉）。

(3)　株主の権利の確保又は行使に関する調査以外の目的による請求（433条2項1号）

例えば，株主が会社との取引交渉を有利に進めるために請求する場合，433条2項1号に該当する（司法試験平成30年度論文式問題参照）。

「株主の権利」（433条2項1号）は，典型的には差止請求権（360条）等の共益権だが，自益権も想定される。例えば**株式譲渡制限のある会社における譲渡に備えた株価算定のための閲覧請求**は，特段の事情がない

限り1号の拒絶理由に該当しないとされ（最判平成16・7・1民集58巻5号1214頁〈百選73事件〉），閲覧謄写請求が認められる。

(4)　請求者が会社の業務と実質的に競争関係にある事業を営み，又はこれに従事するものであること（433条2項3号）

「競争関係」（433条2項3号）については，現に競業関係にある場合のみならず，会社の内部情報が競業に利用される危険性が高ければ，近い将来競業関係に立つ蓋然性が高い場合も含まれる（東京地判平成19・9・20判時1985号140頁）。また，競業関係の有無の判断は，親子会社関係なども考慮して実質的に判断される（前出東京地判平成19・9・20（請求者自身は競業関係にないがその親会社が被告会社と競業関係があった事案））。

請求者にこのような競争関係の客観的事実が認められれば，当該請求者に閲覧謄写により知り得る情報を自己の競業に利用するなどの主観的意図があることを要しない（前出最決平成21・1・15〈百選74事件〉）。客観的事実があれば主観的意図を問わず一律に請求を拒絶できることとし，会社に損害が及ぶ抽象的な危険を未然に防止する趣旨であり，文言上も主観的要件は求められていないからとされる。

事　項　索　引

判例年次索引

判例年次索引

判例年次索引